Vente des 5 et 6 Février 1886

HÔTEL DROUOT

CATALOGUE

DE

GRANDS OUVRAGES

SUR LES BEAUX-ARTS

ET DE

LIVRES A FIGURES DU XIXᵉ SIÈCLE

COMPOSANT LA BIBLIOTHÈQUE

D'UN AMATEUR ÉTRANGER

L'Art, Revue hebdomadaire illustrée, 19 vol. in-fol. — Azeglio. La Reale Galleria, 4 vol. in-fol, fig. sur *chine, avant la lettre*. — Bardi: L'Imperiale e reale Galleria Pitti, 4 vol. in-fol. — Basan. Recueil d'estampes. — Blanc. Histoire des peintres, 14 vol. — Collection de cent-vingt estampes du cabinet de M. Poulain. — Condé. Galerie du Palais-Royal, 3 vol. in-fol. — Drawing-Room. Scrap-book, 20 vol. in-4. — Galerie du musée Napoléon, 11 vol. — Galerie historique de Versailles, 23 vol. — Galerie royale de Dresde, 3 vol. in-fol. — Galerie électorale de Dusseldorff. — Galerie de Vienne, 4 tomes en 2 vol. in-fol. — Galerie de Florence, 3 vol. in-fol. — Gazette des Beaux-Arts et Chronique des Arts, 70 vol. — Lacroix et Séré. Le Moyen âge et la Renaissance, 5 vol. — Landon. Annales du musée, 41 vol. — Le Musée français, 20 vol. in-fol. — Payne's Universum, 6 vol. — Catalogue de tableaux avec gravures. — Salons de peinture et de sculpture. — Publications modernes illustrées de Quantin, Jouaust, Lemonnyer, etc., etc.

PARIS

Vᵉ ADOLPHE LABITTE

LIBRAIRE DE LA BIBLIOTHÈQUE NATIONALE

4, RUE DE LILLE, 4

1886

LA VENTE AURA LIEU

Les Vendredi 5 et Samédi 6 Février 1886

à deux heures précises

A L'HOTEL DES COMMISSAIRES-PRISEURS, RUE DROUOT, 9

SALLE N° 4

Par le Ministère de M° **MAURICE DELESTRE**, Commissaire-priseur

27, RUE DROUOT

Assisté de **M. Em. PAUL**, gérant de la librairie V° **ADOLPHE LABITTE**

ORDRE DES VACATIONS

PREMIÈRE VACATION. — *Vendredi 5 Février* 1886

Numéros . . . . 34 à 90

— . . . . 245 à 317

— . . . . 1 à 33

DEUXIÈME VACATION. — *Samedi 6 Février* 1886

Numéros . . . . 91 à 244

CONDITIONS DE LA VENTE

La vente se fait expressément au comptant.

Les acquéreurs payeront 5 p. 100 en sus des enchères, applicables aux frais.

Il y aura exposition chaque jour de vente, de 1 à 2 heures.

Les livres devront être collationnés dans les vingt-quatre heures de l'adjudication. Passé ce délai, ou une fois sortis de la salle de vente, ils ne seront repris pour aucune cause.

M. Em. PAUL, chargé de la vente, remplira les commissions des pesronnes qui ne pourraient y assister.

CATALOGUE

DE

GRANDS OUVRAGES

SUR LES BEAUX-ARTS

ET DE

LIVRES A FIGURES DU XIXE SIÈCLE

COMPOSANT LA BIBLIOTHÈQUE

D'UN AMATEUR ÉTRANGER

L'Art, Revue hebdomadaire illustrée, 19 vol. in-fol. — Azeglio. La Reale Galleria, 4 vol. in-fol. fig. sur *chine, avant la lettre*. — Bardi. L'Imperiale e reale Galleria Pitti, 4 vol. in-fol. — Basan. Recueil d'estampes. — Blanc. Histoire des peintres, 14 vol. — Collection de cent-vingt estampes du cabinet de M. Poulain. — Coudé. Galerie du Palais-Royal, 3 vol. in-fol. — Drawing-Room. Scrap-book, 20 vol. in-4. — Galerie du musée Napoléon, 11 vol. — Galerie historique de Versailles, 23 vol. — Galerie royale de Dresde, 3 vol. in-fol. — Galerie électorale de Dusseldorff. — Galerie de Vienne, 4 tomes en 2 vol. in-fol. — Galerie de Florence, 3 vol. in-fol. — Gazette des Beaux-Arts et Chronique des Arts, 70 vol. — Lacroix et Séré. Le Moyen âge et la Renaissance, 5 vol. — Landon. Annales du musée, 41 vol. — Le Musée français, 20 vol. in-fol. — Payne's Universum, 6 vol. — Catalogue de tableaux avec gravures. — Salons de peinture et de sculpture. — Publications modernes illustrées de Quantin, Jouaust, Lemonnyer, etc., etc.

PARIS

V^{VE} ADOLPHE LABITTE

LIBRAIRE DE LA BIBLIOTHÈQUE NATIONALE

4, RUE DE LILLE, 4

1886

CATALOGUE

DE

GRANDS OUVRAGES

SUR LES BEAUX-ARTS

ET DE

LIVRES A FIGURES DU XIXe SIÈCLE

1. ALBUM d'eaux-fortes. — Cahier d'études, eaux-fortes originales et inédites. *Bruxelles, Felix Callewaert,* 1875, in-fol. fig. demi-rel. mar. bleu avec coins, dos orné, tête dor. ébarbé. — *47.*

   > 101 sujets sur 96 planches, montées sur onglets, AVANT LA LETTRE moins 13 planches qui sont avec la lettre.
   > Publié par la Société internationale des aqua-fortistes sous la direction de Félicien Rops.
   > Première année.

2. — du Journal des Beaux-Arts, 1870-1876, 6 parties en 1 vol. in-fol. eaux-fortes, demi-rel. chag. bleu avec coins, fil. tête dor. — *25.*

   > Les années 1870, 71, 73, 74, 75, 76, contiennent 10 eaux-fortes chacune; l'année 1872 n'en contient que 8.

3. — du Salon de 1845, examen critique de l'exposition par M. J. A. L., peintre d'histoire et homme de lettres, accompagné d'un choix des tableaux les plus remarquables, exécutés en lithographies à deux teintes par MM. Stroobant et Ghemar. *Bruxelles, s. d.,* in-4, pl. demi-rel. bas. r. — *15.*

   > 20 planches.

4. — illustré du Salon de 1848, publié par une société d'artistes et de gens de lettres, composé de 20 planches, eaux-fortes, lithographies. *Bruxelles, imprimerie des Beaux-Arts,* 1848, in-4, pl. demi-rel. chag. r. ébarbé.

5. — Picture album for artists and amateurs, a selection of — *1-50.*

pictures by and after the most eminent artists of the day. *London,* 1871, in-fol. cart.

> 29 planches gravées sur bois.

2 —

6. ALBUM. 46 planches lithographiées, in-4, demi-rel. bas. r.

10 —

7. — Devéria, Pigot, etc. *S. l. n. d.,* in-4, pl. demi-rel. chag. r. avec coins, ébarbé.

> 56 planches lithographiées.

29 —

8. ALBUMS de gravures sur acier. *S. l. n. d.,* 11 vol. in-8, grav. cart.

> 1,100 gravures sur acier.

33 —

9. — de gravures anglaises avec des nouvelles et des piè-ces de vers. Réunion de 6 vol. in-4, pl. et fig. cart. et en demi-rel.

> Fantaisie. *London, Fischer, s. d.,* 1 vol. — Les Beautés, album des dames. *Paris, Mandeville, s. d.,* 1 vol. — La Siesta. *Paris, Mande-ville, s. d.,* 1 vol. — Toujours reines, par le marquis de Foudras. *Paris, Mandeville, s. d.,* 1 vol. — Album vénitien. *Paris, Aubert, s. d.,* 1 vol. — Album des Salons. *Paris, Lecou, s. d.,* 1 vol.

15 —

10. — de gravures anglaises. Réunion de 5 vol. in-8 et in-12, fig. rel. et cart.

> Heath's picturesque annual. *London, Longman,* 1837 et 1839, 2 vol. — The Book of Gems. *London, Bohn,* 1844, 1 vol. — The Book of the Cartoons. *London, Rickerby,* 1837, 1 vol. — Friendship's offering. *London,* 1835, 1 vol.

34 —

11. — de gravures anglaises. Réunion de 9 vol. in-4, fig. cart. fers spéciaux, tr. dor. (*Cart. non unif.*)

> The belle of a season. *London,* 1840, 1 vol. — The court album. *London,* 1854, 1 vol. — The loves of the poets. *London,* 1858, 1 vol. — Sir Th. Lawrence's cabinet of gems. *London,* 1837, 1 vol. — Gems of beauty. *London,* 1839, 1 vol. — Portraits of children. *London,* 1838, 1 vol. — Flowers of loveliness. *London,* 1836-37, 2 vol. — The Ama-ranth. *London,* 1839, 1 vol.

21 —

12. ALBUMS des Salons de 1840 à 1844. Collection des prin-cipaux ouvrages exposés au Louvre reproduits par les peintres eux-mêmes ou sous leur direction, avec une pré-face par le baron Taylor, texte par Jules Robert. *Paris, Challamel,* 1840-1844, 5 vol. in-4, planches lithogr. demi-rel.

7 —

13. ALVIN (L.). Compte rendu du Salon d'exposition de Bruxelles, avec gravures et lithographies. *Bruxelles, Méline,* 1836, gr. in-8, pl. demi-rel. mar. gren. avec coins.

14. ANACRÉON. Recueil de compositions dessinées par Girodet, et gravées par Chatillon son élève, avec la traduction en prose des odes de ce poète faite également par
Girodet. *Paris, Chaillou-Potrelle,* 1825, in-4, pl. demi-rel.
chag. noir.   _ *12* _

    54 planches gravées au trait.

15. ARMENGAUD. Les Galeries publiques de l'Europe. *Paris,*
Lahure, 1856-1862, 3 vol. in-4, front. pl. fig. vign. demi-   _ *37* _
rel. chag. r. avec coins, fil. tête dor. ébarbé.

    Rome, 1 vol. — Italie, 2 vol.

16. ART (l'), revue hebdomadaire illustrée. *Paris, Libr. de*
l'Art et Ch. Delagrave, 1875-1884, 37 tomes en 19 vol.   _ *650* _
in-fol. nombr. planches gravées à l'eau-forte, demi-rel.
mar. bleu avec coins, dos orné, fil. tête dor. ébarbé.

    L'année 1884 est en livraisons.

17. ART (l') ancien à l'exposition nationale belge, publié
sous la direction de M. C. de Roddaz. *Bruxelles et Paris,*   _ *23* _
Royez et Firmin-Didot, 1882, gr. in-4, fig. et chromos, cart.
fers spéciaux sur les plats, tr. dor.

18. ART (l') ancien et l'art moderne à l'exposition universelle de 1878, sous la direction de M. Louis Gonse. *Paris,* _ *31* _
Quantin, 1879, 2 vol. gr. in-8, papier vélin teinté, fig. et
chromos, demi-rel. mar. bleu avec coins, tête dor. ébarbé.

19. ART (l') flamand. Genre, Paysage, Histoire. Illustra-
tions de Gallais, Leys, Wiertz, etc. Texte par Ch. Potvin.   _ *4-50* _
Bruxelles, A. Lacroix, 1867, in-8, fig. demi-rel. chag.
La Vall.

    11 planches lithographiées, y compris le frontispice.

20. ARTISTES (les) anciens et modernes, par MM. Baron,
Français, Gavarni, E. Leroux, etc. *Paris, Bertauts, s. d.,*   _ *37* _
5 tomes en 1 vol. in-fol. pl. demi-rel. chag. bleu avec
coins, dos orné, fil. tête dor. ébarbé.

    120 pl. lith. sur chine montées sur onglets.

21. AZEGLIO (Rob. d'). LA REALE GALLERIA DI TORINO. *Torino,*
Basadonna, 1836-1846, 4 vol. in-fol. pl. demi-rel. chag. r. _ *305* _
avec coins, fil. doré en tête, ébarbé.

    Épreuves sur CHINE, AVANT LA LETTRE.

150 - 22. BARDI (Luigi). L'IMPERIALE E REALE GALLERIA PITTI illustrata. *Firenze,* 1837-42, 4 vol. in-fol. portr. pl. demi-rel. chag. vert avec coins, dos orné, fil. tr. dor.

79 - 23. BASAN. RECUEIL D'ESTAMPES gravées d'après les tableaux du cabinet de Monseigneur le duc de Choiseul. *Paris, chez l'auteur, rue et hôtel Serpente, s. d.* (1771), in-4, pl. demirel. chag. viol. non rog.

> Titre par Choffart; dédicace gravée; 1 feuillet; description des tableaux; 12 pages gravées; portrait du duc de Choiseul, 123 planches plus 5 planches marquées d'un astérisque, en tout 128 planches.
> On a ajouté une épreuve agrandie de la planche 47 : *Une jeune cuisinière hachant de l'oignon dans un baquet.*

6-80 - 24. BAST (L. de). Annales du salon de Gand et de l'école moderne des Pays-Bas, recueil de morceaux choisis, gravés au trait, avec l'explication et une notice sur les artistes. *Gand, Gœsin-Verhaeghe,* 1823, in-8, pl. v. ant. gran. dent.

> 85 planches gravées au trait.

57 - 25. BEAUTÉS de la peinture moderne et albums divers. *Paris, Mandeville, s. d.,* 9 vol. gr. in-4, titres gr. et pl. cart. perc. de diverses couleurs, tr. dor.

> Paul Lacroix. Les Diamants, souvenirs d'art et de littérature. — Les Perles, pièces d'écrin artistique et littéraire. — Les Topazes, légendes, contes et poésies. — E. de Limagne. L'Étincelle, album mosaïque. — Mosaïque, loisirs du grand monde. — Les Lianes, album mosaïque. — La Gerbe, album mosaïque — Album de Salon. Fleurs religieuses.

17 - 26. — (les) de l'Opéra ou chefs-d'œuvre lyriques, illustrés par les premiers artistes de Paris et de Londres sous la direction de Giraldon, avec un texte explicatif rédigé par Th. Gautier, Jules Janin et Ph. Chasles. *Paris, Soulié,* 1845, gr. in-8, fig. demi-rel. chag. r. avec coins, dos orné.

5 - 27. BEAUX-ARTS (les) illustrés, journal bi-mensuel. *Paris, s. d.,* in-4, pl. fig. et vign. demi-rel. chag. bleu avec coins, fil. tête dor. ébarbé.

> IIIe année, 2e série. Nos 1-45.
> IVe année, 2e série. Nos 1-8.

26 - 28. BERGGRUEN (Dr O.). Huldigungs-Festzug der Stadt Wien am 27 april 1879... mit illustritem Text. *Wien,* 1881, in-4 obl. pl. en héliogravure, fig. portr. et vig. demi-rel. chag. br. plats toile, fers spéciaux, tête dor. ébarbé.

29. BERNARD (L.). Chefs-d'œuvre de peinture au Musée du Louvre. *Paris, Renouard*, 1878-1879, 2 vol. gr. in-8, portr. pl. demi-rel. chag. br. avec coins, fil. tête dor. ébarbé.   _ 9 -

   I. École française.
   II. École italienne.

30. BIBLE (la Sainte), Ancien et Nouveau Testament, récit et commentaire par l'abbé F.-R. Salmon, ouvrage illustré de 240 grav. par Schnorr. *Paris, Firmin-Didot*, 1878, pet. in-4, papier vélin teinté, fig. à mi-page, mar. r. fers spéciaux sur les plats, tr. dor.   - 18-

31. — Historic Illustrations of the Bible, principally after the old masters. *Londres, Liverpool et Paris, Fisher*, s. d., in-4, fig. demi-rel. chag. noir avec coins, dos orné, fil.   - 27 -

   4 séries contenant: les 3 premières chacune 30 planches et la 4° 33.

32. BLANC (Ch.). HISTOIRE DES PEINTRES de toutes les écoles. *Paris, J. Renouard*, 1862-76, 14 vol. in-4, pl. fig. vig. demi-rel. chag. bl. avec coins, fil. tête, dor. ébarbé.   _ 500 -

   École française, 3 vol. — École hollandaise, 2 vol. — École flamande, 1 vol. — École allemande, 1 vol. — École anglaise, 1 vol. — École espagnole, 1 vol. — Écoles italiennes... 1 vol. — Écoles italiennes : florentine, 1 vol. — École vénitienne, 1 vol. — École polonaise, 1 vol. — École milanaise, 1 vol.

33. BOCCACE (Jean). Les Dix Journées. Traduction de Le Maçon réimprimée par les soins de D. Jouaust avec notice, notes et glossaire par M. Paul Lacroix. Onze eaux-fortes par Flameng. *Paris, Jouaust*, 1873, 4 vol. in-12, portr. et pl. à l'eau-forte par Flameng, peau de truie, dent. à froid, dos et coins mosaïqués de mar. bleu, tête dor. ébarbé. (*Pouillet.*)   - 60 -

   On a ajouté à cet exemplaire la suite des figures de Gravelot de l'édition de *Londres* 1777, pet. in-12, SUR PAPIER DE HOLLANDE.

34. BOISSERÉE et BERTRAM. Die Sammlung Alt-Nieder und Ober-Deutscher Gemälde, lithographirt von J. N. Strixner. *Stuttgart und München*, 1821-36, in-fol. max. pl. demi-rel. mar. r. avec coins, fil. (*Rel. anglaise.*)   - 152 -

   118 sujets sur 101 planches montées sur onglets.

35. BOUCHER. L'Œuvre. *S. l. n. d.* (*Paris, Fabre*), in-fol. pl.   - 61 -

demi-rel. chag. bleu avec coins, dos orné, fil. tête dor. ébarbé.

121 sujets lithographiés et tirés en bistre sur 100 planches, montées sur onglets.

36. BOUCHER (François). Lemoyne et Natoire. *Paris, Quantin,* 1880, in-fol. eaux-fortes, pl. fig. cart. de l'éditeur, non rog.

37. BRANTÔME. Les Vies des Dames galantes, augmentées de notes et d'une notice sur Brantôme, par Eug. Vignon. Gravures d'après H. Pille, par Champollion. *Paris, Arnaud et Labat,* 1879, 3 vol. in-12, fig. demi-rel. mar. brun avec coins, fil. tête dor. non rog.

Tiré à très petit nombre.

38. BULLETIN de l'Ami des arts. *Paris, au bureau du Journal et chez J. Techener,* 1843-44, 2 vol. in-8, fig. lith. demi-rel. chag. bleu.

39. BURGER (W.). Galerie Suermond à Aix-la-Chapelle, avec le catalogue de la collection par le docteur Wagen, traduit par W. B. *Bruxelles,* 1860, in-8, fig. demi-rel. chag. noir, plats toile, fers spéciaux sur les plats.

23 photographies.

40. BURTY (Ph.). Chefs-d'œuvre des Arts industriels, ouvrage illustré de 200 gravures sur bois hors texte et dans le texte. *Paris, Ducrocq, s. d.,* gr. in-8, fig. demi-rel. chag. vert, plats toile, dos orné, tr. dor.

41. — Salon de 1883, cent vingt planches en photogravure par Goupil; trente dessins d'après les originaux des artistes. *Paris, Baschet,* 1883, in-4, pl. et fig. demi-rel. mar. noir avec coins, dos orné, fil. tête dor. non rogné.

Exemplaire sur PAPIER DE HOLLANDE avec les gravures sur CHINE.

42. CANOVA. Œuvre, recueil de gravures d'après ses statues et ses bas-reliefs exécutées par M. Réveil, accompagné d'un texte explicatif de chacune de ses compositions, et d'un essai sur sa vie et ses ouvrages par M. H. de Latouche. *Paris, Audot,* 1825, in-8, fig. demi-rel. veau viol. avec coins, dos orné.

Exemplaire en GRAND PAPIER VÉLIN, orné de 100 planches gravées au trait.

43. CATALOGUE of the celebrated collection of pictures of the *— 18 —*
late John Julius Angerstein, by John Young. *London,*
Nicol, 1823, in-4, pl. demi-rel. bas. bleue.

44. — Lithographies d'après les principaux tableaux de la *— 27 —*
collection du prince A. d'Arenberg avec le catalogue descriptif, publiés par Ch. Spruyt. *Bruxelles, Tencé,* 1829, in-
fol. lithog. demi-rel. chag. bleu, fil. tête dor. ébarbé.

45. — Partie des tableaux de la collection de M. Bacofen. *— 4-50 —*
Basle, s. d., in-4, pl. cart.
    40 planches lithographiées et teintées.

46. — of the pictures at Grosvenor house London, with et- *— 20 —*
chings from the whole collection executed by permission of
the noble proprietor, and accompanied by historical notices
of the principal works by John Young. *London, W. Bul-*
mer, 1821, in-4, pl. demi-rel. bas. bleue.
    46 planches gravées contenant 143 sujets.

47. — Collection H... Tableaux modernes. Catalogue illus- *— 26 —*
tré. *S. l. n. d.,* gr. in-8, pl. à l'eau-forte, hors texte, demi-
rel. mar. vert, doré en tête.
    81 planches.

48. — The Hamilton palace collection. Illustrated price cata- *— 14 —*
logue. *Paris et Londres, Remington,* 1882, in-4, fig. cart.
fers spéciaux sur les plats, non rogné.

49. — illustré de la collection Hodshon. Tableaux anciens. *— 11 —*
S. l. n. d., in-8, pl. cart. ébarbé.
    25 planches gravées.

50. — of pictures by british artists in the possession of sir *— 7 —*
John Fleming Leicester. *London, Bulmer and Nicol,* 1821,
in-4, pl. demi-rel. bas. avec coins.

51. — of the pictures at Leigh Court.... accompanied with *— 9 —*
historical and biographical notices by John Young. *Lon-*
don, Bulmer and Nicol, 1822, in-4, pl. demi-rel. bas. bleue
avec coins.

52. — A complete illustrated catalogue to the National *— 5 —*
Gallery, with notes by Henry Blackburn. *London, Chatto*
and Windus, 1879, in-8, fig. cart.

53. — Tableaux modernes de la collection Paturle. — Ta- *— 11 —*

bleaux, études, esquisses laissés par M. Th. Fourmois, illustré de photographies représentant les principales œuvres. — Tableaux anciens et modernes et tableaux de l'école anglaise provenant de la collection E. G. illustré de gravures à l'eau-forte. — Tableaux anciens, collection de M⁰ Bl. illustré de gravures à l'eau-forte. — Ens. 4 catalogues en 1 vol. in-8, demi-rel. chag. bleu avec coins, fil. tête dor. ébarbé.

26 eaux-fortes et 8 photographies.

54. Catalogue. Galerie de MM. Perreire. Catalogue illustré de gravures à l'eau-forte. *S. l. n. d.*, in-8, pl. demi-rel. chag. bleu avec coins, tête dor. ébarbé.

49 planches gravées à l'eau-forte.

55. — of the collection of pictures of the most noble the marquess of Strafford, containing an etching of every picture and accompanied with historical and biographical notices by John Young. *London, Nicol*, 1825, 2 vol. in-fol. portr. pl. demi-rel. bas. r.

56. — de la riche et nombreuse collection de tableaux anciens et modernes des écoles flamande, hollandaise et almande, composant la magnifique galerie de feu M. Désiré van den Schrieck. *Bruxelles, Delfosse*, 1861, in-4, pl. demi-rel. chag. bleu avec coins, fil. tête dor. ébarbé.

15 planches gravées hors texte.

57. — Collection de M. John W. Wilson, exposée dans la galerie du cercle littéraire de Bruxelles. *Paris, J. Claye*, 1873, in-4, pl. demi-rel. mar. bleu avec coins, filet, dos orné, tête dor.

Exemplaire sur PAPIER VÉLIN contenant 66 planches gravées.

58. Cellini (Benvenuto). Vie, écrite par lui-même, traduction Léopold Leclanché, illustrée de neuf eaux-fortes par F. Laguillermie et de reproductions des œuvres du maître. *Paris, Quantin*, 1881, in-8, portr. fig. demi-rel. chag. vert, avec coins, tête dor. ébarbé.

59. Cent Nouvelles nouvelles. Les dix dizaines des Cent Nouvelles nouvelles réimprimées par les soins de D. Jouaust avec notice, notes et glossaire par M. Paul Lacroix. Des-

sins gravés de Jules Garnier. *Paris, Jouaust*, 1874, 10 tomes
en 2 vol. in-12, pl. mar. br. jans. dent. int. tr. dor. (*Petit.*)

Exemplaire sur PAPIER DE CHINE avec double suite des planches.

60. CESIO (Carlo). Galleria dipinta nel palazzo del principe
Panfilio da Pietro Berettini da Cortona, intagliata vero ori-
ginale. *Roma, G. Iacomo, s. d.*, in-4, pl. et front. demi-rel.
bas. verte.

16 planches gravées, pliées et montées sur onglets.

61. CHABERT. Galerie des peintres, ou collection de portraits
des peintres les plus célèbres de toutes les époques. *Paris,
impr. Chabert, s. d.*, in-fol. portr. et pl. lithogr. demi-rel.
chag. r. avec coins, dos orné.

Cet ouvrage contient, outre les portraits des peintres, des reproductions de leurs plus célèbres tableaux.

62. CHAMISSO (A. von). Frauen-Liebe und Leben. Lieder
Cyclus, illustrirt von P. Schumann. *Leipzig, A. Titze, s.
d.*, gr. in-8, fig. cart. fers spéciaux sur les plats, tr. dor.

9 pl. gravées montées sur onglets.

63. CHAMPIER (V.). L'Année artistique, 1881-82, 4° année.
Paris, Quantin, 1882, in-8, 12 grav. hors texte, cart. fers
spéciaux sur les plats.

64. CHEFS-D'ŒUVRE (les) d'art à l'exposition universelle de
1878, sous la direction de M. E. Bergerat. *Paris, Baschet*,
1878, 2 tomes en 1 vol. in-fol. pl. en photogravure, fig.
et vign. demi-rel. chag. bleu, dos orné, tête dor. ébarbé.

65. — d'art au Luxembourg, publiés sous la direction de
M. E. Montrosier, avec le concours littéraire de MM. Al-
lard, de Banville, D. Bernard, etc. *Paris, Baschet*, 1881,
in-fol. pl. demi-rel. chag. vert avec coins, ébarbé.

41 planches hors texte en photogravure sur CHINE et 53 illustrations dans le texte.
Exemplaire sur PAPIER DE HOLLANDE.

66. — de l'art moderne (École française). Album composé
de 25 planches. *Paris, Delahays, s. d.*, in-fol. pl. cart.
perc. r. fers spéciaux, tr. dor.

67. — de la gravure. *Paris, Impr. Vallée*, 1863, in-4, 24 planches, demi-rel. bas.

11 - 68. CHEFS-D'ŒUVRE de la sculpture au musée du Louvre. *Paris, Goupil, s. d.,* recueil de 25 planches en photogravure, in-4, cart.

4 - 50 - 69. — de peinture des musées d'Italie, de Flandre, de Hollande, de France et d'Angleterre, recueil de 75 belles gravures au burin. *Paris,* 1842, in-8, pl. cart.

Taches d'humidité.

30 - 70. — du musée d'Anvers, 36 planches photoglyptiques par Maes avec précis historique et descriptif par G. Lagye. *Anvers, Maes, s. d.,* in-4, pl. montées sur onglets, demi-rel. chag. bleu avec coins, fil. tête dor. ébarbé.

11 - 71. CHESNEAU (E.). Le statuaire J.-B. Carpeaux, sa vie et son œuvre. *Paris, Quantin,* 1880, in-8, portr. fig. et pl. hors texte, demi-rel. chag. r. tête dor. ébarbé.

17 - 72. CHOIX des tableaux et statues des plus célèbres musées et cabinets étrangers; recueil de gravures au trait. *Paris, Treuttel et Wurtz,* 1819, 4 vol. in-8, pl. demi-rel. bas. bleue.

19 - 73. CLÉMENT (Ch.). Gleyre, étude biographique et critique avec le catalogue raisonné de l'œuvre du maître. Ouvrage orné de 30 photogravures. *Paris, Didier,* 1878, in-8, portr. et pl. demi-rel. mar. gren. avec coins, fil. tête dor. ébarbé.

10 - 74. CLÉMENT (F.). Histoire abrégée des Beaux-Arts chez tous les peuples et à toutes les époques. Ouvrage illustré de 150 gravures sur bois. *Paris, Firmin-Didot,* 1879, in-8, fig. demi-rel. chag. r. plats toile, dos orné, tr. dor.

34 - 75. CLOUËT. Cent portraits de personnages de la cour des rois François Ier, Henri II et François II... *Londres, Sampson Low,* 1882, gr. in-fol. pl. sur onglets, demi-rel. mar. bleu avec coins, fil. tête dor. ébarbé.

80 - 76. — Trois cents portraits de personnages français de la cour des rois François Ier, Henri II et François II, autholithographiés d'après les originaux, conservés au château de Howard, par lord Ronald Gower. *Londres et Paris,* 1875, 2 vol. gr. in-4, papier de Hollande, portr. demi-rel. chag. grenat avec coins, dos orné, fil. tête dor.

77. COLLECTION DE CENT VINGT ESTAMPES, gravées d'après _226_
les tableaux et dessins qui composaient le cabinet de
M. Poulain, exécutée sous la direction du sieur Basan,
graveur; le sieur Moitte, peintre, en avait fait les dessins d'après les tableaux. *Paris, Basan et Poignant,* 1781,
in-4, pl. v. ant. éc. dos orné, fil. dent. int. tr. dor.

> 120 planches, y compris le frontispice par Choffard. La planche
> XX est gravée au-dessous de la planche LXI.

78. — de gravures choisies d'après les peintures et sculp- _25_
tures de la galerie de Lucien Bonaparte, prince de Canino.
Rome, 1822, in-fol. max. pl. gr. demi-rel. v. viol. avec
coins, fil.

> 29 planches gravées.

79. COMMYNES (Ph. de). Mémoires, nouvelle édition, revue sur _15_
un manuscrit ayant appartenu à Diane de Poitiers, par
Chantelauze; édition illustrée de 4 chromolithographies et
de nombreuses gravures sur bois. *Paris, Firmin-Didot,*
1881, gr. in-8, fig. et chromos, demi-rel. mar. r. avec
coins, fil. dos orné, tête dor. ébarbé.

80. CONCOURS décennal ou collection gravée des ouvrages de _8_
peinture, sculpture.... mentionnés dans le rapport de l'Ins-
titut. *Paris, Filhol et Bourdon,* 1812, in-4, 30 pl. gravées
à l'eau-forte, demi-rel. chag. vert avec coins.

81. CONTES ET NOUVELLES. 5 vol. in-12, fig. reliés et cartonnés. _6-fo_

> Les Bonnes Étrennes, par Stephen de La Madelaine. *Paris, Belin-
> Leprieur,* 1839, 1 vol. — Panorama des Enfants. *Paris, Fisher, s. d.,*
> 1 vol. — Le Livre de mon fils. *Paris, Fisher, s. d.,* 1 vol. — Émo-
> tions. *Paris, Janet, s. d.,* 1 vol. — L'Abeille. *Paris, Janet, s. d.,*
> 1 vol.

82. — et romans et autres ouvrages. 10 vol. in-8, et in-12, _30_
broché.

> Contes de M. le baron de Besenval. *Paris, A. Quantin,* 1881. —
> Le hazard du coin du feu, par Crébillon fils. *Bruxelles,* 1880. —
> Contes en vers imités du Moyen de parvenir. *Paris, L. Willem,* 1874.
> — Le calendrier de Vénus, par Octave Uzanne. *Paris, Rouveyre,* 1880.
> — Les Grapillons, contes en vers. *Paris, Arnaud et Labat,* 1879. —
> L'Amour au dix-huitième siècle, par Ed. et J. de Goncourt. *Paris,*
> *Dentu,* 1875. — Quatrelles. Le chevalier Beautemps. *Paris,* 1870. —
> Statuettes parisiennes, par Ch. Diguet *Paris, Lacroix,* 1876. —
> Poésies de Joseph Vadé. *Paris, A. Quantin,* etc.

83. CONTES grivois du XVIIIe siècle, illustrés de vignettes _11_

de l'époque imprimés à mi-page en deux couleurs et gravées sur bois par Doms. *Bruxelles, Kistemackers, s d.*, in-12, fig. cart. perc. non rog.

Un des 50 exemplaires sur PAPIER DE HOLLANDE.

316 - 84. COUCHÉ (J.). GALERIE DU PALAIS-ROYAL, gravée d'après les tableaux des différentes écoles qui la composent avec un texte par l'abbé de Fontenai. *Paris, Couché*, 1786-1808, 3 vol. in-fol. pl. grav. demi-rel. bas. r. plats papier, fil.

355 planches gravées.

350 - 85. COURRIER de l'Art. *Paris*, 1881-1884, 3 vol. gr. in-4, fig. en feuilles.

21 - 86. DANTIER (A.). Les Femmes dans la société chrétienne; ouvrage illustré de 4 photogravures et 200 gravures sur bois. *Paris, Firmin-Didot*, 1879, 2 vol. gr. in-8, demi-rel. mar. r. fers spéciaux sur le dos et les plats, tr. dor. (*Engel.*)

18 - 87. DAYOT (Armand). Salon de 1881. Cent planches en photogravure. *Paris, Baschet*, 1884, in-4, pl. et fig. en feuilles.

Exemplaire sur PAPIER DE HOLLANDE avec les gravures sur CHINE.

38 - 88. DAVID. Le Muséum de Florence, ou collection des pierres gravées, statues, médailles et peintures, qui se trouvent à Florence, principalement dans le cabinet du grand-duc de Toscane, avec des explications françaises par Mulot. *Paris, David*, 1787-96, 6 vol. in-4, fig. au bistre, v. ant. rac. fil.

30 - 89. DELAROCHE (P.). Œuvre reproduit en photographie par Bingham, accompagné d'une notice sur la vie et les ouvrages de P. Delaroche par H. Delaborde et du catalogue raisonné de l'œuvre par G. Goddé. *Paris, Goupil*, 1858, in-fol. photographies, demi-rel. mar. vert avec coins, tête dor.

86 planches montées sur onglets.

150 - 90. DELESTRE (J.-B.). Gros, sa vie et ses ouvrages, deuxième édition revue et augmentée, avec 55 gravures dont 44 facsimilés de dessins et compositions inédits du maître. *Paris, Renouard*, 1867, gr. in-8, fig. demi-rel. mar. r. portr. tête dor. ébarbé.

91. Dorat. Les Baisers, précédés du Mois de Mai, poème. *Rouen, Lemonnyer,* 1880, in-8, fig. demi-rel. mar. br. avec coins, fil. tête dor. non rogné. — *21.*

92. DRAWING-ROOM scrap-book. *London, Fisher,* 1832-1852, inclus. 20 vol. in-4, titres gravés, front. planches gr. sur acier, cart. perc. de diverses couleurs, tr. dor. (*Cart. non unif.*) — *90.*

93. Drumont (Ed.). Les Fêtes Nationales de la France. *Paris, Baschet,* 1879, in-fol. pl. et fig. cart. perc. fers spéciaux. — *5.*

94. Duplessis (G.). Histoire de la gravure. *Paris, Hachette,* 1880, gr. in-8, fig. demi-rel. chag. r. fers spéciaux sur les plats, tr. dor. — *16.*

73 reproductions de gravures anciennes, hors texte.

95. Eckstein (Ernst). Italiens Kunstschätze, eine Sammlung der hervorragendsten Bilder und Statuen der Galerien von Rom, Neapel, Florenz, Mailand, Bologna, Venedig, etc., sowie eine Sammlung der hervorragendsten Architecturen mit erläuterndem Text. *Leipzig, Payne,* 1876, 2 vol. in-4, fig. non reliés. (*Tomes I et II.*) — *7-50.*

96. Eissenhardt (Joh.). Die Städel'sche Galerie zu Frankfurt am Main in ihren Meisterwerken älterer Malerei. Zwei und dreissig Radirungen mit Text von Dr. Weit Valentin. *Leipzig, Seemann,* 1876, in-fol. pl. demi-rel. chag. bleu avec coins, dos orné, fil. tête dor. — *11.*

32 planches gravées à l'eau-forte, montées sur onglets. Épreuves sur CHINE AVANT LA LETTRE.

97. Énault (Louis). Paris-Salon, 1881. *Paris, Bernard,* 1881, in-8, fig. demi-rel. mar. r. avec coins, dos orné, fil. tête dor. ébarbé. — Paris-Salon, 1882. *Paris, Bernard,* 1882, in-8, pl. cart. fers spéciaux sur les plats, tr. dor. — Ens. 2 vol. — *6.*

65 planches.

98. English Painters of the Georgian Era : Hogarth to Turner. Bibliographical notices of the artists, illustrated with forty eight permanent photographs after their most celebrated pictures. *London, Low, Marton,* etc., 1876, in-4, photographies, cart. fers spéciaux sur le dos et les plats, tr. dor. — *4-50.*

21 - 99. ETRURIA (l') pittrice, ovvero Storia della pittura toscana dedotta dai suoi monumenti che si esibiscono in stampa dal secolo X fino al presente. *Firenze, Niccolo Pagni,* 1791, 2 vol. gr. in fol. front. pl. vign. bas.

    Exemplaire incomplet de quelques planches. Texte en italien et en français par le savant Lastri.

33 - 100. EXPOSITION des Beaux-Arts. — Première année (Salon de 1880), comprenant 34 planches en photogravure, 64 dessins hors texte et 50 motifs variés : En-têtes, lettres ornées, culs-de-lampe. — Deuxième année (salon de 1881), comprenant 40 planches en photogravure et 150 dessins d'après les originaux. *Paris, Baschet,* 1880-81, 2 vol. gr. in-8, fig. demi-rel. mar. bleu avec coins, dos orné, filets, tête dor. ébarbé.

26 - 101. EYE (Dr A. von) et FALKE (Jacob). Galerie der Meisterwerke altdeutscher Holzschneidekunst, in facsimilirten Nachbildungen zusammengestellt und mit Erlæuterungen herausgegeben von Dr A. von Eye und Jacob Falke. *Nurnberg, J. Lud. Schmid,* 1858, gr. in-fol. demi-rel. chag. viol. avec coins, fil. ébarbé.

    34 planches montées sur onglets contenant 43 sujets.

15 - 102. FAVRE (de). Les Quatre Heures de la toilette des dames, poème. *Paris, Rouveyre,* 1880, in-8, titre gr. pl. demi-rel. mar. noir avec coins, tête dor. non rog.

    Réimpression de l'édition originale tirée à petit nombre.

71 - 103. FEMMES (les) de tous les pays, dessinées et gravées par les plus habiles artistes. *Paris, Laplace, Sanchez, s. d.,* in-fol. portr. demi-rel. chag. r. plats toile, tr. dor.

    42 planches.

4-50 - 104. FORBIN (comte de). Portefeuille du comte de Forbin, directeur général des Musées de France, contenant ses tableaux, dessins et esquisses les plus remarquables avec un texte rédigé par le comte de Marcellus. *Paris, Challamel,* 1843, in-4, portr. pl. demi-rel. v. vert.

    Portrait du comte de Forbin, 49 sujets sur 44 planches lithographiées.

46 - 105. FORTUNY. Œuvres. *Paris, Goupil,* 1875, in-fol. portr. et 49 pl. en photogravure, demi-rel. chag. br. avec coins, fil. tête dor.

106. Froissart. Les Chroniques, édition abrégée avec texte rapproché du français moderne par Mme de Witt, née Guizot, ouvrage contenant 11 planches en chromolithographie, 12 lettres et titres imprimés en couleur, 2 cartes, 33 grandes compositions tirées en noir et 252 gravures d'après les monuments et les manuscrits de l'époque. *Paris, Hachette,* 1880, gr. in-8, fig. et chromos, demi-rel. chag. vert, plats toile, fers spéciaux sur le dos et les plats, tr. dor.

— 18 —

107. Fromentin (Eugène). Sahara et Sahel. — I. Un été dans le Sahara. II. Une année dans le Sahel. Édition illustrée de 12 eaux-fortes, 1 héliogravure et 45 gravures en relief. *Paris, Plon,* 1879, gr. in-8, fig. demi-rel. mar. r. avec coins, fil. tête dor. ébarbé.

— 40 —

108. Galerie Aguado, choix des principaux tableaux de la galerie de M. le marquis de las Marismas del Guadalquivir, par Ch. Gavard; notices sur les peintres, par L. Viardot. *Paris, Gavard,* 1839, in-fol. contenant 36 planches gravées, et 1 vol. in-8, pour le texte, demi-rel. chag. viol. foncé, fil.

— 38 —

109. — de son altesse royale Madame duchesse de Berry. *S. l. n. d.*, 2 vol. in-fol. pl. demi-rel. bas. r. tr. dor.

— 37 —

Exemplaire contenant 99 planches lithographiées, et en partie incomplet du texte explicatif de ces planches.

110. — de tableaux du chevalier Deconinck. *S. l. n. d.*, in-fol. pl. demi-rel. bas. viol. avec coins.

— 15 —

37 planches lithographiées.

111. — des antiques ou Esquisses des statues, bustes et bas-reliefs, fruit des conquêtes de l'armée d'Italie. *Paris, Renouard,* 1803, in-8, pl. demi-rel. bas. r. avec coins.

— 4 —

92 planches gravées.

112. — du Luxembourg, des musées, palais et châteaux royaux de France, contenant la collection des tableaux de l'école française depuis David, gravée au burin. *Paris, 1828,* in-fol. pl. demi-rel. v. vert.

— 39 —

36 planches sur chine.

113. — du palais du Luxembourg peinte par Rubens, dessinée par Nattier et gravée par les plus habiles graveurs

— 80 —

du temps. *Paris, Duchange,* 1710, in-fol. max. pl. gr. cart.

27 planches, y compris le titre, le feuillet d'avertissement, le frontispice et les 3 portraits.

157 - 114. GALERIE DU MUSÉE NAPOLÉON, publiée par Filhol, graveur, et rédigée par Lavallée. A[Paris, *chez Filhol (de l'imprimerie de Gille fils), an X,* 1802-1814, 10 vol. — Galerie du musée de France (ou collection gravée des chefs-d'œuvre de peinture et de sculpture dont il s'est enrichi depuis la restauration), publiée par Filhol. *Paris, Mme V^ce Filhol,* 1828, 1 vol. — Ens. 11 vol. in-8, pl. gr. demi-rel. chag. bleu avec coins, tête dor. ébarbé.

Cet exemplaire a les nouveaux titres datés de 1814 auxquels on a substitué les mots *de France* au mot *Napoléon.*

17 - 115. — du Vte Du Bus de Gisignies. Texte descriptif et annotations par E. Fetis. *Bruxelles, Olivier,* 1878, gr. in-8, papier vergé de Hollande, portr. demi-rel. mar. vert avec coins, tête dor. ébarbé.

33 photographies de tableaux montées sur onglets.

54 - 116. — Durand-Ruel. Recueil d'estampes gravées à l'eau-forte, préface par Arm. Silvestre. *Paris et Londres, Durand-Ruel,* 1873, gr. in-8, papier vergé, pl. demi-rel. chag. r. avec coins, fil. doré en tête, ébarbé.

200 planches, moins la 40e qui manque.

370 - 17. — HISTORIQUE DE VERSAILLES, publiée par Ch. Gavard. *Paris,* 1838, 13 vol. gr. in-fol. max. — Supplément aux galeries historiques de Versailles, 6 vol. pet. in-fol. — Histoire de France servant de texte explicatif aux tableaux des galeries de Versailles (par J. Janin). *Paris,* 1838, 4 vol. in-4. — Ens. 23 vol. demi-rel. chag. bleu foncé avec coins, non rog.

Bel exemplaire sur PAPIER VÉLIN avec les planches sur PAPIER DE CHINE.

22 - 118. — lithographiée de son Altesse Royale Monseigneur le duc d'Orléans, publiée par Ch. Motte. *A Paris, chez Ch. Motte, imprimeur-lithographe, s. d.,* 2 vol. in-fol. planches lithographiées sur chine, demi-rel. chag. viol.

26 - 119. — et les monuments d'art de Berlin. Collection de gravures sur acier représentant les principaux objets d'art en peinture, sculpture et architecture, renfermés dans les collections de la ville de Berlin avec un texte explicatif. *Leipsic et Dresde, H. Payne, s. d.*, in-4, fig. demi-rel. chag. r. plats toile, dos orné, tête dor.

100 planches gravées sur acier.

120. Galerie. Die Gemälde-Gallerie des königlichen Museums in Berlin. In Lithographien der vorzüglichsten Gemälde derselben. *Berlin, Simion*, 1841, gr. in-fol. pl. demi-rel. mar. bleu. — *32*-

36 planches lithographiées sur chine, et un titre gravé.

121. — de Dresde. Gravures sur acier d'après les principaux chefs-d'œuvre de cette grande et riche collection. Texte contenant des notices sur les peintres, leur école, etc., traduit de l'allemand par G. Moehl. *Leipzic et Dresde, H. Payne, s. d.*, 2 vol. in-4, pl. demi-rel. chag. r. dos orné, fil. tête dor. — *38*-

122. — Die Dresdener Galerie in Photographien nach den original Gemälden. Besprochen von Julius Hübner. *Berlin*, *s. d.*, 2 vol. in-4, demi-rel. chag. brun, fers spéciaux sur les plats, tr. dor. — *50*-

60 planches photographiées, montées sur onglets.

123. — Les principaux tableaux de la galerie royale de Dresde, lithographiés d'après les originaux, avec des explications historiques et concernant l'art, en allemand et en français, publiés par François Hanfstaengl. *Dresde*, 1842, 1 tome divisé en 3 vol. in-fol. pl. demi-rel. chag. r. avec coins, plats toile, tête dor. ébarbé. — *150*:

194 planches lithographiées, sur chine.

124. — Recueil d'estampes d'après les plus célèbres tableaux de la galerie royale de Dresde. *Dresde*, 1753, 3 vol. gr. in-fol. max. pl. gr. demi-rel. chag. vert avec coins, non rog. — *112*-

Tome I. Portrait d'Auguste III, roi de Pologne, et 50 planches.
Tome II. Portrait de Marie-Josèphe, reine de Pologne, et 50 planches.
Tome III. Portrait de Frédéric-Auguste, électeur de Saxe, et 50 planches.
Réimpression faite à Leipzig par Giesecke et Devrient.

125. — Électorale de Dusseldorff, ou catalogue raisonné et figuré de ses tableaux, dans lequel on donne une connaissance exacte de cette fameuse collection et de son local, — *49*-

par des descriptions détaillées, et par une suite de 30 planches, contenant 365 petites estampes rédigées et gravées
d'après ces mêmes tableaux, par Chrétien de Mechel, graveur de S. A. S. Monseigneur l'Électeur Palatin. Ouvrage
composé dans un goût nouveau par Nicolas de Pigage. *A
Basles, chez Chrétien de Mechel*, 1778, in-4 obl. demi-rel.
chag. bleu avec coins, fil. doré en tête, non rog.

Exemplaire sur PAPIER FORT DE HOLLANDE.

126. GALERIE Leuchtenberg. Gemälde Sammlung seiner
kaiserl. Hochheit des Herzogs von Leuchtenberg in München, in Umrissen gestochen von Inspector Murel. *Frankfurt am Main, J. Baer*, 1851, in-4, portr. et pl. demi-rel.
mar. bleu avec coins, fil. dos orné, tête dor. ébarbé.

Portrait du prince Eugène et 261 planches gravées au trait.

127. — Auswahl der vorzüglichsten Gemälde der herzoglich-
Leuchtenbergischen Galerie. Herausgegeben von der lite-
rarisch-artistischen Anstalt der F. G. Gotta'schen Buch-
handlung. *In München, s. d.*, gr. in-fol. pl. demi-rel. mar.
r. avec coins, fil. ébarbé.

Portrait en pied du duc de Leuchtenberg et 43 planches lithographiées sur CHINE.

128. — de Munich. Collection de gravures sur acier représentant les plus belles toiles de cette galerie, avec un texte
explicatif rédigé par M. Otto Alexandre Banck. *Leipsic et
Dresde, H. Payne*, in-4, fig. demi-rel. chag. r. plats toile,
fers spéciaux sur les plats, dos orné, tr. dor.

126 planches gravées (la table indique 130 pl.).

129. — Königlich-Baierischer Gemäldesaal zu München
und Schleissheim. Eine Sammlung ausgezeichneter Gemälde der Pinacothek in München, lithographirt von
Strixner, Piloty, Hohe, Selb und Flachenekker. *München*,
1817-1836, 2 vol. gr. in-fol. fig. demi-rel. mar. r. avec
coins, dos orné, fil. tr. dor. (*Rel. anglaise.*)

204 planches lithographiées sur CHINE.

130. — britannique de gravures faites d'après des peintures
des écoles italienne, française, flamande, hollandaise et
anglaise avec un historique de chaque tableau, par

E. Forster. *Londres, Miller*, 1814, in-fol. pl. demi-rel. mar.
r. avec coins, fil. ébarbé.

48 planches gravées à l'eau-forte.

131. GALERIE nationale de tableaux des grands maîtres qui
ont été achetés par le Parlement britannique, pour le
compte de la nation, ou qui ont été offerts par des particu-
liers, traduit de l'anglais par J. Gérard. *Londres, Jones, s.
d.*, 2 vol. in-4, pl. demi-rel. chag. gren. tr. dor.

132. — The Cornhill gallery containing one hundred engravings from drawings on wood. *London, Smith*, 1864, in-4,
grav. cart. fers spéciaux sur les plats, tr. dor. dérelié.

133. — The Gallery of modern british artists consisting of a
series of engravings. *London, Fisher*, 1835, 2 tomes en 1 vol.
in-4, pl. demi-rel. chag. bleu avec coins, dos orné, fil. tr.
dor.

Tome I, 36 planches gravées.
Tome II, 41 planches gravées.

134. — The historic Gallery of portraits and paintings, or
biographical review, containing a brief account of the lives
of the most celebrated men, and graphic imitations of the
finest specimens of the arts. *London, Vernor*, 1807-1811,
5 vol. in-8, pl. cuir de Russie, dent.

135. — The royal Gallery of art, ancient and modern engravings from the private collections of her Majesty the Queen
and his royal highness prince Albert. *London, Colnaghi,
s. d.*, 4 tomes en 2 vol. in-fol. front. pl. demi-rel. chag.
r. avec coins, ébarbé.

136. — The royal Gallery of british art. *London, Hogarth,
s. d.*, in-fol. max. pl. demi-rel. mar. bleu avec coins, plats
toile, fil. tête dor. ébarbé.

47 planches gravées montées sur onglets.

137. — The royal Gallery of pictures, being a selection of
the cabinet paintings in her Majesty's private collection
at Buckingham palace, published of John Linnel. *London, Bohn*, 1850, in-4, 32 pl. demi-rel. bas. verte avec
coins, tête dor. ébarbé.

Les planches et le texte sont montés sur onglets.

138. — The Vernon Gallery of british art edited by Hall.

London, Virtue, 1850-1854, 4 vol. in-4, pl. demi-rel. chag. r. fil. tr. dor.

139. **GALERIE DE VIENNE.** Galerie impériale et royale du Belvédère, à Vienne, gravée par les meilleurs artistes avec un texte explicatif de chaque sujet, publiée par Charles Haas. *Francfort-sur-Mein et Paris, J. Baer, s. d.*, 4 tomes en 2 vol. petit in-folio, demi-rel. chag. r. plats toile, tr. dor.

240 planches.

140. — Belvedere oder die Galerien von Wien. *Leipzig und Dresden, Pahne, s. d.*, in-4, pl. demi-rel. chag. vert, fers spéciaux sur le dos et les plats, tr. dor.

141. — Kaiserl. königl. Galerie in Wien. *Wien, Miethe et Wawra, s. d.*, 4 vol. gr. in-4, pl. demi-rel. chag. gren. avec coins fil. doré en tête, non rog.

200 planches en photographies montées sur onglets.

142. — DE FLORENCE, gravée sur cuivre et publiée par une société d'amateurs, sous la direction de Bartholoni, Bezzuoli et Jesi, avec un texte en français par Alexandre Dumas. *Florence*, 1844, 3 vol. in-fol. papier vélin, fig. grav. demi-rel. chag. r. fil. doré en tête, ébarbé.

143. — de l'Hermitage, gravée au trait d'après les plus beaux tableaux qui la composent, avec la description par Camille de Genève, publié par F. Labensky (texte français, par Camille, et version russe, par Grégoire Glinka et Paul Titof). *Saint-Pétersbourg, Alici*, 1805, in-4, portr. fig. demi-rel. bas. verte.

Portrait de Catherine II et 45 planches gravées.

144. — des héros et des héroïnes de poètes et de romanciers anglais et français. Réunion de 8 vol. gr. in-8 et 1 vol. in-4, avec fig. et pl. grav. sur acier, en demi-rel. et rel. pleine, tr. dor.

Galerie des personnages de Shakspeare. *Paris*, 1844, 1 vol. — Shakspeare des dames. *Paris*, 1838, 1 vol. — Galerie des femmes de Shakspeare. *Paris, s. d.*, 1 vol. — Galerie des femmes de Valter Scott. *Paris, s. d.*, 1 vol. — Beautés de Walter Scott. *Paris, s. d.*, 1 vol. — Les femmes de Walter Scott. *Bruxelles*, 1841, 1 vol. — Les femmes de Balzac. *Paris, s. d.*, 1 vol. — Galerie des femmes de George Sand. *Bruxelles*, 1843, 1 vol. in-4, *grand papier*. — Galerie des femmes de George Sand. *Bruxelles*, 1843, 1 vol.

145. GAULT DE SAINT-GERMAIN. Vie de Nicolas Poussin, con-

sidéré comme chef de l'école française, suivie de notes
inédites et authentiques sur sa vie et ses ouvrages, ornée
de planches gravées en taille-douce et à l'eau-forte. *Paris,
Didot, Renouard*, 1806, in-8, fig. cart. toile viol.

Exemplaire en GRAND PAPIER DE HOLLANDE orné d'un portrait et
de 35 planches.

146. GAUTIER (Th.), HOUSSAYE (A.), SAINT-VICTOR (P. de). Les
Dieux et les demi-dieux de la peinture. Illustrations par
M. Calamatta. *Paris, Morizot*, 1864, in-8, portr. demi-rel.
mar. gren. avec coins.

— 10.

147. GAZETTE DES BEAUX-ARTS, courrier européen de
l'art et de la curiosité. Rédacteur en chef, M. Ch. Blanc.
Paris, 1859-1883 inclus. 53 vol. fig. — Table, 1859-1868,
2 vol. — Annuaire, 1869-1872, 2 vol. — Chronique des
Arts et de la curiosité. *Paris, au bureau de la Gazette des
Beaux-Arts,* 1863-1867, 1871-1877, 1880 à 1883, 15 vol. —
Ens. 72 vol. demi-rel. chag. r. plats toile, tête dor. ébarbé.

— 700.

La *Chronique des Arts* est reliée en demi-chag. La Vall. Les années
1882 et 1883 sont en feuilles.

148. GEMS of english art of this century, twenty four pictures
from national collection, printed in colours by Leighton
brothers whith illustrative texts by F. Turner Palgrave.
London and New-York, Routledge, 1869, in-4, fig. cart.
fers spéciaux sur le dos et les plats, tr. dor.

— 3 —

149. GIRAUD (J.-B.). Les Arts du métal, recueil descriptif et
raisonné des principaux objets ayant figuré à l'exposition
de 1880 de l'Union centrale des Beaux-Arts. Cinquante
planches en héliogravure hors texte. *Paris, Quantin*, 1881,
in-fol. pl. demi-rel. mar. gren. avec coins, tête dor. ébarbé.

— 50 —

150. GŒTHE. Faust, traduction de J. Porchat, revue par
B. Lévy, ouvrage illustré de 13 gravures sur acier, et de
50 gravures sur bois d'après les dessins de Liezen Mayer,
et enrichi d'ornements, têtes de page, culs-de-lampe par
R. Seitz. *Paris, Hachette*, 1878, in-fol. fig. et pl. cart. perc.
r. fers spéciaux sur le dos et les plats, tête dor. ébarbé.

— 46 —

151. — Gallerie. *Munich, Bruckmann,* 21 photographies in-8,
dans un étui cart. toile r.

— 3

152. GONSE (L.). Eugène Fromentin, peintre et écrivain,
ouvrage augmenté d'un voyage en Égypte et d'autres

— 29 —

notes et morceaux inédits de Fromentin et illustré de gravures hors texte et dans le texte. *Paris, A. Quantin*, 1881, gr. in-8, papier vélin, pl. hors texte, fig. demi-rel. mar. r. avec coins, ébarbé.

2 -

153. GRÉVEDON (H.). Alphabet des dames, ou recueil de 25 portraits de fantaisie lithographiés. *Paris, Chaillou-Potrelle, s. d.*, in-fol. demi-rel. v. bleu.

25 portraits et 5 planches lithographiées dont une en couleur.

19 -

154. GUÉRANGER (dom). Sainte Cécile et la société romaine aux deux premiers siècles, ouvrage contenant 2 chromolithographies, 5 planches en taille-douce et 250 gravures sur bois. *Paris, Firmin-Didot*, 1874, gr. in-8, fig. et chromos, demi-rel. chag. bleu avec coins, dos orné, fil. tr. dor.

56 -

155. GUIFFREY (J.). Antoine Van Dyck et son œuvre. *Paris, Quantin*, 1882, in-fol. eaux-fortes, pl. vign. cart. de l'éditeur, non rog.

22 -

156. HAVARD (Henry). L'Art à travers les mœurs, illustrations par C. Goutzwiller. *Paris, Decaux et Quantin*, 1882, gr. in-8, fig. cart. perc. gr. fers spéciaux sur les plats, tr. dor.

4-50 -

157. — Histoire de la peinture hollandaise. *Paris, Quantin*, 1882, in-8, fig. cart. fers spéciaux sur le dos et les plats.

16 -

158. HEATH's book of beauty. *London*, 1833-1845, 6 vol. in-12 et in-8, fig. rel. et cart.

Années 1833-1836 inclus. 1838 et 1845.

27 -

159. — Gallery of british engravings. *London, Longman*, 1836, 4 tomes en 2 vol. in-8, fig. demi-rel. chag. r. plats toile, fers spéciaux sur le dos et les plats, tr. dor.

216 planches gravées avec le texte en regard.

165 -

160. HERCULANUM et Pompéï. Recueil général des peintures, bronzes, mosaïques, etc., découverts jusqu'à ce jour, augmenté de sujets inédits gravés au trait sur cuivre par H. Roux aîné et accompagné d'un texte explicatif par M. L. Barré. *Paris, Firmin-Didot*, 1840, 8 vol. in-8, fig. cart.

Le tome VIIIe contient le *Musée secret*.

25 -

161. HISTOIRE de l'art en tableaux. *Leipzig, Seemann*, 1879, 2 vol. in-4, obl. 246 pl. contenant 2060 gravures sur bois, cart. perc. r. fers spéciaux.

162. Histoire du gentil seigneur de Bayard composée par le Loyal Serviteur, édition rapprochée du français moderne avec une introduction, des notes et des éclaircissements par Lorédan Larchey. *Paris, Hachette,* 1882, in-8, portraits, planches en couleur, nombr. fig. dans le texte et hors texte, demi-rel. chag. r. plats toile, fers spéciaux sur le dos et sur les plats, tr. dor.

— 15 —

163. Hoffbauer. Paris à travers les âges. Aspects successifs des monuments et quartiers historiques de Paris, depuis le xiii° siècle jusqu'à nos jours. Texte par Ed. Fournier, Paul Lacroix... *Paris, Firmin-Didot,* 1875-1882, 2 vol. in-fol. pl. en noir et en chromos, fig. plans, demi-rel. mar. r. avec coins, dos orné, fil. tête dor. non rog.

— 220 —

Exemplaire du premier tirage.

164. Hogarth (Will.). The complete works in a series of one hundred and fifty steel engravings from the original pictures with an introductory essay by J. Hannay and descriptive letter-press, by the rev. J. Trussler and E. Roberts. *London, R. Griffin, s. d.,* in-4, fig. cart. fers spéciaux sur les plats, tr. dor.

— 39 —

Portrait et 141 planches gravées.

165. — The Works from the original plates, restored by James Heath, with the addition of many subjects not before collected; to which is prefixed a biographical essay on the genius and productions of Hogarth and explanations of the subjects of the plates by John Nichols. *London,* 1822, gr. in-fol. portr. et pl. gr. demi-rel. mar. r. avec coins, dos orné, fil. tr. dor. (*Rel. anglaise.*)

— 81 —

156 sujets sur 116 planches; on a ajouté 7 planches du premier tirage.

166. — The Works moralized. *London, s. d.,* in-4, papier de Hollande, fig. v. f. ant. fil.

— 11 —

Portrait, titre gravé et 75 vignettes et figures par Corbould.

167. — Kupfer stiche. Recueil de 75 planches gravées d'après Hogarth, in-fol. demi-rel. bas. r. avec coins, ébarbé.

— 20 —

168. Homère. Iliade, traduction nouvelle par P. Lagrandville, accompagnée de gravures d'après Marillier et d'un portrait d'Homère. Notice par M. J. Janin. *Paris, Lévy,* 1871, gr. in-8, portr. et pl. demi-rel. chag. bleu avec coins, fil. tête dor. non rog.

— 15 —

39 - 169. Houssaye (Ars.). La Comédie-Française, 1680-1880. *Paris, Baschet,* 1880, gr. in-4, portr. et pl. en photogravure, demi-rel. chag. bleu, tête dor. non rog.

Exemplaire sur papier de Hollande.

63 - 170. — Histoire de la peinture flamande et hollandaise. *Paris, Hetzel,* 1866, in-fol. pl. demi-rel. mar. vert, plats toile, tr. dor.

Ex-libris Jules Janin.

47 - 171. — Molière, sa Femme et sa Fille. *Paris, Dentu,* 1880, in-fol. front. portr. pl. et fig. demi-rel. mar. r. avec coins, dos orné, fil. tête dor. non rog.

Tiré à petit nombre.

30 - 172. Hübner (Julius). Bilder-Brevier der Dresdner Gallerie mit original Radirungen von H. Bürkner. *Dresden, s. d.,* 3 parties en 1 vol. pet. in-4, front. fig. mar. bleu, dos orné, fleurons sur les plats, milieu en mosaïque, dent. int. tr. dor. (*Claessens.*)

Texte et 76 planches montés sur onglets.

8 - 173. Huth (Th.). Blätter aus A. Hendschel's Skizzenbuch photographirt. *Frankfurt a. M., Prestel, s. d.,* in-4, fig. demi-rel. mar. bleu avec coins, dos orné, fil.

55 photographies montées sur onglets.

36 - 174. Iconographie de la reine Marie-Antoinette. *Paris, Quantin,* 1883, in-4, fig. en noir et en couleur, demi-rel. mar. citron avec coins, dos orné et mosaïqué de mar. r. fil. tête dor. non rog. (*Claessens.*)

32 - 175. Jacque (Ch.). Collection d'eaux-fortes. *S. l. n. d.* (1843), in-fol. fig. demi-rel. chag. La Vall. tête dor. ébarbé.

1 titre et 30 sujets sur 29 planches. Épreuves avant la lettre sur chine, moins les deux dernières.

6 - 176. Jal (A.). L'Artiste et le Philosophe, entretiens critiques sur le Salon de 1824. *Paris, Ponthieu,* 1824, in-8, fig. demi-rel. mar. vert avec coins, fil. ébarbé.

10 lithographies.

6 - 177. Jal (A.). Esquisses, croquis, pochades ou tout ce qu'on voudra sur le Salon de 1827 avec 6 dessins lithographiés dont 1 en couleur. *Paris, Dupont,* 1828, in-8, fig. demi-rel. bas. bleue avec coins, non rog.

7 planches pliées, dont une coloriée ; taches aux derniers feuillets.

178. Janin (Jules). La Bretagne. *Paris, Bourdin,* 1862, gr. in-8, titre en chromo, et titre gr. portr. pl. et fig. demirel. mar. r. avec coins, tête dor. non rog.

> Exemplaire en GRAND PAPIER.

179. — L'Été à Paris. *Paris, Curmer, s. d.,* gr. in-8, titre gr. pl. et fig. demi-rel. bas. bleue avec coins, fil. tr. marb.

> Taches d'humidité.

180. — La Normandie. *Paris, Bourdin,* 1862, gr. in-8, titre en chromo et titre gr. portr. pl. et fig. demi-rel. mar. r. avec coins, tête dor. non rog.

> Exemplaire en GRAND PAPIER.

181. Johannot (Alfred et Tony). Vignettes pour les Œuvres de Chateaubriand, Walter Scott, lord Byron, F. Cooper, Delille. *Paris, Furne,* 1832, 5 livraisons reliées avec les couvertures en 1 vol. cart. non rog.

> Chateaubriand. 25 pl. — Walter Scott. 31 pl. — Lord Byron. 6 pl. — Cooper. 20 pl. — Delille. 15 pl.

182. Joinville (Jean sire de). Histoire de saint Louis, Credo et lettre à Louis X, texte original accompagné d'une traduction par M. N. de Wailly, seconde édition. *Paris, Firmin-Didot,* 1874, gr. in-8, front. en chromo et fig. demirel. mar. r. avec coins, dos orné, fil. tête dor. ébarbé.

183. Kaulbach (W. de). Les Femmes de Gœthe, dessins de W. de Kaulbach avec un texte de P. de Saint-Victor. *Bruxelles, Lebègue,* 1872, in-fol. pl. cart. fers spéciaux sur le dos et les plats, tête dor.

> 21 planches gravées.

184. Keepsake français. 7 vol. gr. in-8, fig. reliés, tr. dor.

> Keepsake de l'art en province. — Le royal Keepsake, livre des salons. — Keepsake des jeunes personnes, par Mme la comtesse d'Ash. Keepsake historique. — Le Livre de Beauté, Keepsake pour 1854. — Keepsake des dames et des demoiselles pour 1857. — Le Livre couleur de rose, album pour 1861, par Léo Lespès.

185. Keepsake français. Paris-Londres. *Paris, Delloye,* 1838-1842, 4 vol. in-8, front. et fig. reliés. (*Rel. non unif.*)

186. Keepsake (the). *London,* 1830-1851, 11 vol. pet. et gr. in-8, fig. cart. tr. dor. (*Cart. non unif.*)

> Années 1830, 32, 33, 34, 35, 36, 42, 44, 45, 50 et 51.

26 - 187. Krell (P.-F.). Les Classiques de la Peinture. Renaissance italienne (1420-1540). Collection des œuvres les plus célèbres des maîtres italiens avec texte explicatif. Traduit (sur l'original allemand) par G. Dubray. Impression photographique de M. Rommel à Stuttgart, *Paris, F. Vieweg, s. d.*, in-fol. pl. demi-rel. chag. bleu avec coins, fil. tête dor. ébarbé.

25 - 188. Kunstschætze (die) Wien's, herausgegeben vom œsterreichischen Lloyd. *Triest,* 1854, in-4, pl. demi-rel. mar. bleu avec coins, dos orné, fil. tête dor. ébarbé.

108 planches gravées hors texte.

1 - 189. Labarre (Louis). Antoine Wiertz, étude biographique avec les lettres de l'artiste et la photographie du Patrocle. *Bruxelles,* 1866, in-8, front. demi-rel. chag. La Vall.

79 - 190. La Borde (de). Choix de chansons, mises en musique ornées d'estampes en taille-douce. *Rouen, J. Lemonnyer,* 1881, 4 vol. gr. in-8, front. portr. titre gr. et fig. demi-rel. mar. r. avec coins, fil. tête dor. ébarbé.

Exemplaire avec une double suite des figures tirées en BISTRE.

22 - 191. Lacroix (Paul). Les Arts au moyen âge et à l'époque de de la Renaissance, ouvrage illustré de 19 planches chromolithographiques exécutées par F. Kellerhoven et de 400 gravures sur bois. *Paris, Firmin-Didot,* 1871, gr. in-8, fig. et chromos, demi-rel. chag. bleu avec coins, dos orné, fil. tr. dor.

20 - 192. — Mœurs, usages et costumes au moyen âge et à l'époque de la Renaissance, ouvrage illustré de 15 planches chromolithographiques, exécutées par Kellerhoven et de 440 gravures. *Paris, Firmin-Didot,* 1872, gr. in-8, fig. et chromos, demi-rel. chag. bleu avec coins, fil. dos orné, tr. dor.

20 - 193. — Sciences et lettres au moyen âge et à l'époque de la Renaissance, ouvrage illustré de 13 chromolithographies et de 400 gravures sur bois. *Paris, Firmin-Didot,* 1877, gr. in-8, fig. et chromos, demi-rel. chag. r. plats toile, fers spéciaux sur le dos et les plats, tr. dor.

20 - 194. Lacroix (Paul). Vie militaire et religieuse au Moyen âge et à l'époque de la Renaissance, ouvrage illustré de

14 chromolithographies et de 409 gravures sur bois. *Paris,
Firmin-Didot,* 1873, gr. in-8, fig. et chromos, demi-rel.
chag. bleu avec coins, dos orné, fil. tr. dor.

195. Lacroix (Paul). xvii° siècle. Institutions, usages et cos-   — *56* —
tumes. France, 1590-1700, ouvrage illustré de 16 chromolithographies et de 300 gravures sur bois dont 20 tirées
hors texte. *Paris, Firmin-Didot,* 1880, gr. in-8, fig. et chromos, demi-rel. chag. r. plats toile, fers spéciaux sur le dos
et les plats, tr. dor.

196. —xvii°siècle. Lettres, sciences et arts. France,1590-1700,   — *25* —
ouvrage illustré de 17 chromolithographies et de 300 gra-
vures sur bois dont 16 tirées hors texte. *Paris, Firmin-
Didot,* 1882, gr. in-8, fig. et chromos, demi-rel. chag. r.
plats toile, fers spéciaux sur le dos et les plats, tr. dor.

197. —xviii° siècle. Institutions, usages et coutumes. France,   — *25* —
1700-1789. Ouvrage illustré de 21 chromolithographies et
de 350 gravures sur bois. *Paris, Firmin-Didot,* 1875, gr.
in-8, fig. et chromos, demi-rel. chag. bleu avec coins, fil.
dos orné, tr. dor.

198. — xviii° siècle. Lettres, sciences et arts. France 1700-   — *25* —
1789. Ouvrage illustré de 16 chromolithographies et de 250
gravures sur bois dont 20 tirées hors texte. *Paris, Firmin-
Didot,* 1878, gr. in-8, fig. et chromos, demi-rel. chag. r.
plats toile, fers spéciaux sur le dos et les plats, tr. dor.

199. — Directoire, Consulat, Empire ; mœurs et usages, let-   — *29* —
tres, sciences et arts : France, 1795-1815. Ouvrage illustré
de 10 chromolithographies et de 410 gravures sur bois.
Paris, Firmin-Didot, 1884, gr. in-8, fig. et chromos, demi-
rel. chag. r. plats toile, fers spéciaux sur le dos et les
plats, tr. dor.

200. — et Seré. Le Moyen Age et la Renaissance, histoire et   — *139* —
description des mœurs et usages, du commerce et de l'in-
dustrie, des sciences... *Paris,* 1848-51, 5 vol. in-4, pl. en
noir et en couleur, fig. vign. demi-rel. chag. r. avec coins.

201. Lafenestre (G.). Le Livre d'or du salon de peinture et   — *26* —
de sculpture, catalogue descriptif des œuvres récompen-
sées et des principales œuvres hors concours, orné de
16 planches à l'eau-forte. *Paris, Librairie des Bibliophiles,*

1879-80-81, 3 vol. gr. in-8, pl. demi-rel. chag. r. avec coins, fil. dos orné, tête dor. ébarbé.

Les trois premières années, contenant 13, 15 et 16 planches hors texte.

202. LA FONTAINE. Contes et Nouvelles en vers. *Paris, Leclère,* 1861, 2 vol. in-12, portr. sur le titre et vignettes, demi-rel. mar. r. avec coins, fil. tête dor. ébarbé.

203. — Contes et Nouvelles en vers. *Paris, Barraud,* 1874, 2 vol. gr. in-8, pl. demi-rel. cuir de Russie avec coins, fil. tête dor. non rog.

Reproduction de l'édition des *fermiers généraux* avec les figures tirées en SANGUINE.

204. — Contes et Nouvelles en vers. *Lyon, Scheuring,* 1874, 2 vol. in-8, vignettes et culs-de-lampe, demi-rel. mar. r. avec coins, dos orné, fil. tête dor. non rog.

205. — Contes et Nouvelles en vers. *Paris, Becus,* 1878, 2 tomes en un vol. in-16, portr. et fig. demi-rel. mar. r. avec coins, tête dor. ébarbé.

Tiré à petit nombre.

206. — Œuvres d'après les textes originaux, suivies d'une notice sur sa vie et ses ouvrages, etc., par Alph. Pauly. *Paris, Lemerre,* 1875, 4 vol. in-8, fig. vél. fil. ébarbé.

Fables, 2 vol. fig. d'après Oudry. — Contes, 2 vol. fig. d'après Fragonard.

207. LAIRESSE (Gérard de). Tafereelen volgens de Afteekeningen van Nikolaas Verkolie. (Les tableaux qui se trouvent à La Haye dans la chambre du conseil de justice de la cour d'Hollande, de Zélande et de Westurise). *Amsterdam,* 1737, in-fol. pl. cart.

7 planches gravées.

208. LANDON. ANNALES DU MUSÉE et de l'école moderne des beaux-arts. Recueil de gravures au trait d'après les principaux ouvrages de peinture, sculpture, architecture, etc. *Paris, Impr. de Didot jeune,* 1800-1808, 16 vol. — Tome complémentaire. 1809, 1 vol. — Paysages et tableaux de genre. 1805-1808, 4 vol. — Annales du musée. Seconde collection, partie ancienne. *Paris,* 1810-1821, 4 vol. — Galerie Giustiniani. 1812, 1 vol. — Galerie Massias. 1815, 1 vol. — Salons de 1808,1810,1812,1814,1817,1819,1820,

1822, 1824, 1827, 14 vol. — Ens. 41 vol. in-8, fig. au trait,
demi-rel. chag. bleu. *Rel. unif.*

209. Landon. Musée royal du Luxembourg, composé des
principales productions des artistes vivants. *Paris, Impr.
royale,* 1823, in-8, pl. gravées au trait, cart.

210. — Précis historique des productions des arts, peinture,
sculpture, architecture et gravure. *Paris, chez l'auteur,
an X* (1801) — *an XV* (1806), 5 vol. in-8, front. pl. gr. au
trait, bas.

211. — Vies et œuvres des peintres de toutes les écoles,
recueil classique... réduit et gravé au trait. *Paris,* 1803-17,
13 vol. in-4, pl. demi-rel. mar. gren. avec coins, fil. tête
dor. ébarbé, et cart.

> Dominique. Albani. — Le Poussin. — Choix de peintures anti-
> tiques. — Le Sueur, Jouvenet. — Michel-Ange. Bandinelli. Volterre.
> — Corrège. — Raphaël. (*Planches avant la lettre.*)

212. Laurens (J.). Album de la galerie Bruyas (Musée de
Montpellier), trente sujets choisis, lithographiés. *Paris,
Peyrol, Morel,* 1875, in-fol. pl. demi-rel. chag. br. avec
coins, tête dor. ébarbé.

213. Lauters (P.). et Billoin (C.). Musée moderne. Tableaux,
sculptures, dessins choisis des artistes belges contempo-
rains. *Bruxelles, s. d.,* in-4, fig. demi-rel. bas.

> 60 planches lithographiées sur chine.

214. Lebrun. Recueil de gravures au trait, à l'eau-forte, et
ombrées d'après un choix de tableaux de toutes les écoles.
Paris, Didot jeune, 1809, 2 vol. in-8, fig. demi-rel. v. gris
avec coins, dos orné, fil. ébarbé.

> 178 planches gravées au trait. La planche 6 est en double; les
> planches 106 et 132 manquent.

215. Légende (la) de sainte Ursule, princesse britanique,
et de ses onze mille vierges, d'après les tableaux de l'église
Sainte-Ursule à Cologne reproduits en chromolithographie,
publiée par Kellerhoven, texte par J.-B. Dutron. *Paris, chez
l'auteur, s. d.,* in-4, papier vélin, texte encadré, chromos,
demi-rel. chag. r. avec coins, dos orné, fil. tête dor. ébarbé.

216. Le Sueur. La vie de saint Bruno, ou collection complète
des 22 tableaux peints par Le Sueur pour le cloître des
Chartreux, exécutée en dessins lithographiés avec un

frontispice et un cul-de-lampe par Fragonard... *Paris, Smith*, 1822, in-fol. front. et pl. demi-rel. bas. verte.

21- 217. Lièvre (Ed.). Le Musée universel. *Paris, Goupil*, 1868-69, in-4, 48 eaux-fortes, demi-rel. chag. bleu, tête dor. ébarbé.

3-50- 218. Linton (H.). Grand Album des expositions de peinture et de sculpture, 69 tableaux et statues gravés par H. Linton, texte par Castagnary. *Paris, Librairie des deux mondes*, 1863, in-4, pl. demi-rel. mar. br. avec coins, fil. tête dor.

  48 gravures hors texte et 21 reproductions de statues dans le texte.

89- 219. Livre (le). Bibliographie ancienne et moderne. *Paris, Quantin*, 1880-1883, 7 vol. gr. in-8, fig. demi-rel. chag. br. avec coins, ébarbé, plus la dernière année en livraisons.

9- 220. Longus. Les Pastorales, Daphnis et Chloé. Traduction d'Amyot complétée par P.-L. Courier, 43 compositions au trait par Léopold Burthe, préface par Amaury Duval. *Paris, Hetzel*, 1863, in-fol. fig. cart. de l'éditeur.

5- 221. — Daphnis et Chloé. Traduction d'Amyot, revue et complétée par P.-L. Courier. Nouvelle édition ornée de jolies gravures. *Rouen, chez J. Lemonnyer*, 1878, in-8, portr. et pl. br.

22- 222. Loth (A.). Saint Vincent de Paul et sa mission sociale, introduction par Louis Veuillot, appendices par A. Baudon, P. B. et L. B. E. Cartier, A. Roussel. *Paris, Dumoulin*, 1880, gr. in-8, fig. et chromos, demi-rel. chag. r. plats toile, fers spéciaux sur le dos et les plats, tr. dor.

16- 223. Lucas (D.). English Landscape scenery: a series of forte mezzo tinto engravings on steel from pictures painted by J. Constable. *London, Quaritch*, 1855, in-fol. pl. demi-rel. mar. r. avec coins, fil. tr. dor. (*Rel. anglaise.*)

  40 planches gravées sur acier.

5- 224. Madou. Physionomie de la société en Europe depuis le xive siècle jusqu'à nos jours, quatorze tableaux. *Bruxelles, s. d.*, in-4 oblong, pl. cart.

8- 225. Makart (Hans). Album. *Wien, Bondy, s. d.*, in-fol. pl. grav. demi-rel. chag. r. avec coins.

  Frontispice, portrait et 37 planches.

226. Mantz (Paul). Les Chefs-d'œuvre de la peinture italienne, ouvrage contenant vingt planches chromolithographiques exécutées par F. Kellerhoven, trente planches sur bois et quarante culs-de-lampe et lettres ornées. *Paris, Firmin-Didot frères*, 1870, in-fol. fig. cart. perc. r. fers spéciaux sur les plats, non rogné.   *— 42 -*

227. — Hans Holbein, dessins et gravures sous la direction de E. Lièvre. *Paris, A. Quantin*, 1879, in-fol. eaux-fortes, grav. et vign. cart. de l'éditeur, non rog.   *— 56 -*

228. Manuel du Muséum français, avec une description analytique et raisonnée de chaque tableau indiqué au trait, tous classés par écoles et par œuvres de grands artistes. *Paris et Strasbourg, Treuttel*, 1803-1808, 10 parties en 4 vol. in-8, pl. gravées au trait, v. ant. gr.   *— 15 -*

> I. École italienne : Œuvres de Raphaël et du Dominiquin. 59 pl. — II. Écoles vénitienne, italienne et française : le Titien, Véronèse, Le Sueur. 64 pl. — III. École flamande : Œuvres de Van Ostade, Gérard Dow, Van Dyck, Rubens. 98 pl. — IV. École française : Œuvres de Vernet, Le Brun, Le Poussin. 82 pl.

229. Marguerite d'Angoulême. L'Heptameron des nouvelles. Publié par MM. Le Roux de Lincy et Anatole de Montaiglon. *Paris, Eudes*, 1880, 4 tomes en 8 vol. in-8, fig. en-têtes et culs-de-lampe, demi-rel. mar. bleu avec coins, fil. tête dor. non rog.   *— 88 -*

> Exemplaire sur papier Van Gelder avec triple suite des gravures hors texte.

230. Maynard (l'abbé). La Sainte Vierge, ouvrage illustré de 14 chromolithographies, 3 photogravures et 200 gravures dont 24 hors texte. *Paris, Firmin-Didot*, 1877, gr. in-8, fig. et chromos, demi-rel. chag. r. plats toile, fers spéciaux sur le dos et les plats, tr. dor.   *— 20 -*

231. Merveilles de l'art religieux. Album de 40 gravures, texte par A. Darlet. *Paris, M. Lévy*, 1863, in-fol. pl. cart. fers spéciaux.   *— 2 -*

232. Mielot (J.). Vie de sainte Catherine d'Alexandrie, texte revu et rapproché du français moderne par Marius Sepet. *Paris, G. Hurtrel*, 1881, gr. in-8, papier vélin, texte entouré de bordures gravées, fig. et chromos, demi-rel. mar. r. avec coins, fil. tête dor. ébarbé.   *— 14 -*

233. Miniatur-Salon. Eine Sammlung von Stahlstichen   *— 2 -*

nach berühmten Gemälden lebender Künstler. Mit erläu-
ternden Skizzen und biographischen Andeutungen beglei-
tet von Dr Weismann. *Frankfurt,* 1842-50, 2 vol. in-8, cart.

65 planches gravées.

234. MONICART. Versailles immortalisé par les merveilles par-
lantes des bâtimens, jardins, etc. composé en vers libres ;
récits accompagnés d'estampes gravés exprès... *Paris,
Ganeau et Quillau,* 1720, 2 vol. in-4, pl. bas.

Tomes I et II, seuls parus.

235. MONNIER (Ant.). Eaux-fortes et rêves creux, sonnets excen-
triques et poèmes étranges. *Paris, Willem,* 1873, in-8, pl.
demi-rel. mar. bleu avec coins, dos orné, fil. tête dor. ébarbé.

Tiré à petit nombre. Les planches ont été détruites après le tirage.

236. MONTESQUIEU. Le Temple de Gnide, suivi d'Arsace et
Isménie. Nouvelle édition avec figures d'Eisen et de Le
Barbier, gravées par Le Mire. Préface par O. Uzanne. *Rouen,
Lemonnyer,* 1881, gr. in-8, front. et pl. demi-rel. mar. br.
avec coins, fil. tête dor. non rog.

237. MONTROSIER (Eug.). Les Artistes modernes. — Première
partie : Les peintres de genre. — Deuxième partie : Les
peintres militaires et les peintres de nu. — Troisième
partie : Les peintres d'histoire, paysagistes, etc. Chaque
partie contient 40 biographies avec dessins et croquis et
40 planches en photogravure. *Paris, Launette,* 1882,
3 vol. gr. in-8, fig. demi-rel. mar. bleu avec coins, dos
orné, fil. tête dor. ébarbé.

Ces trois volumes, tirés sur BEAU PAPIER VÉLIN, contiennent les
vignettes tirées en BISTRE et les gravures hors texte sur CHINE AVANT
LA LETTRE.

238. MULLER (E.). Les Femmes d'après les auteurs français
avec quinze portraits de femmes célèbres, gravés au burin
d'après les dessins de Staal. *Paris, Garnier, s. d.,* gr. in-8,
portr. demi-rel. mar. r. avec coins, fil. tr. dor. — La Femme
jugée par les grands écrivains des deux sexes..... par
MM. Bescherelle et L.-J. Larcher. *Paris, Simon,* 1846,
in-8, fig. demi-rel. bas. r. — Ens. 2 vol.

239. MULREADY (W.). Pictures with descriptions and a bibliographical sketch of the painter by J. Dafforne. *London, s.
d.,* in-4, cart. fers spéciaux sur le dos et les plats, tr. dor.

9 planches gravées hors texte.

240. Muntz (Eug.). Raphaël, sa vie, son œuvre et son temps, _ 25_
ouvrage contenant 155 reproductions ou fac-similés de
dessins insérés dans le texte et 41 planches tirées à part.
Paris, Hachette, 1881, in-8, fig. chag. noir, fers spéciaux
sur le dos et les plats, tr. dor.

241. Musée de Lyon. (Société des amis des arts.) *S. l.,* 1878, _ 12 _
in-fol. 52 pl. gr. demi-rel. mar. br. avec coins, dos orné,
fil. tête dor. ébarbé.

242. MUSÉE FRANÇAIS (le), recueil complet des tableaux, _ 620 _
statues et bas-reliefs qui composent la collection nationale
avec l'explication des sujets et des discours historiques
sur la peinture, la sculpture et la gravure par S.-C. Croze-
Magnan, publié par Robillard-Péronville et Laurent.
Paris, de l'Impr. de L.-E. Herhan, 1803-1809, 4 tomes. —
Le musée Napoléon, publié par Henri Laurent, recueil de
gravures d'après les plus beaux tableaux, statues et bas-
reliefs choisis dans la collection impériale. *Paris, de l'Impr.
de Mame,* 1812, 1 tome *(tome I*er*).* — Le Musée royal, publié
par Henri Laurent, graveur du cabinet du Roi, etc. *Paris,
de l'Impr. de F. Didot,* 1816-1818, 2 tomes. — Ens. 7 tomes
divisés en 20 vol. in-fol. max. pl. gr. demi-rel. chag. vert
avec coins, plats toile, ébarbés.

243. — Goupil, 12 vol. gr. in-4, demi-rel. chag. bleu. _ 390 _
> Collection de 1,173 planches en photographie, montées sur onglets
> publiée par cette maison.

244. — pour tous. Art, science et littérature. *Paris, L. Bas- _ 67_
chet, s. d.,* 5 vol. in-fol. pl. demi-rel. chag. bleu avec coins,
doré en tête.
> Musée des salons de 1877-78-79. 261 photographies.

245. Musée royal de La Haye lithographié. *A Amsterdam, _ 27_
chez Desguerrois, s. d.,* in-fol. demi-rel. bas.
> 60 planches lithographiées sur CHINE; taches.

246. — Collections des musées d'Amsterdam et de La Haye. _ 9 _
S. l. n. d., in-4, photographies, demi-rel. bas. r. avec coins.
> 25 planches montées sur onglets contenant 50 sujets.

247. — Les principaux tableaux du Musée royal à La Haye, _ 10_
gravés au trait, avec leur description. *La Haye,* 1826-30,
4 parties en 1 vol. in-8, pl. gravées au trait, demi-rel. chag.
r. ébarbé.

2 - 248. Musée. Souvenir du musée d'Amsterdam, album de 12 photographies in-12, cart.

17 - 249. — Les Tableaux du musée de Naples gravés au trait par les meilleurs artistes italiens, texte par F. Lenormant. *Paris, A. Lévy,* 1868, in-4, pl. demi-rel. chag. vert, plats toile, tr. dor.

53 planches gravées sur CHINE.

10 - 250. Museum Reinhartshausen zu Erbach am Rhein. *Wiesbaden, Bergmann,* 1878, 20 photographies sur bristol dans un carton in-fol. perc. r. avec fers spéciaux.

8 - 251. Nouvelles et Poésies. Réunion 6 vol. in-8, avec fig. cart. et en demi-rel.

Le Saphir, livre des salons. *Paris, Louis Janet, s. d.,* 1 vol. — La Pervenche, livre des salons. *Paris, Janet, s. d.,* 1 vol. — Les Bleuets. *Moulins, Desrosiers, s. d.,* 1 vol. — La Corbeille. *Moulins, Desrosiers, s. d.,* 1 vol. — Lis et Violette. *Moulins, Desrosiers, s. d.,* 1 vol. — L'Élite, livre des salons. *Paris, L. Janet, s. d.,* 1 vol.

71 - 252. Ornement (l') polychrome, cent planches en couleurs or et argent, contenant environ 2000 motifs de tous les styles. Recueil publié sous la direction de M. Racinet. *Paris, Firmin-Didot, s. d.,* in-fol. pl. demi-rel. mar. bleu avec coins, dos orné, fil. tête dor. non rog.

11 - 253. Payne's universum et livre de l'art. *S. l. n. d.,* in-4, fig. demi-rel. chag. r. plats toile, fers spéciaux sur les plats, tr. dor.

Titre et 108 planches gravés.

41 - 254. — Universum und Buch der Kunst. *Dresden et Leipzig, s. d.,* 8 tomes en 6 vol. in-4, pl. demi-rel. chag. vert, plats toile, tête dorée.

820 planches gravées.

8 - 255. Pecht (Friedrich). Venedigs Kunstschätze. Gallerie der Meisterwerke venetianischer Malerei in Stahlstich mit erläuterndem Text. *Triest,* 1860, in-4, pl. demi-rel. chag. bleu avec coins, fil. tête dor. ébarbé.

36 planches.

20 - 256. Peintres (les) de la Beauté. Album de 50 planches gravées sur acier d'après les tableaux de Titien, Véronèse, etc. *Paris, A. Chevalier,* 1862, in-fol. pl. demi-rel. chag. r. plats toile, fers spéciaux, tr. dor.

257. **Peintres** les plus célèbres de toutes les époques, recueil des plus belles compositions tirées de l'Écriture, de
l'histoire et autres sujets, gravées au trait. *Paris, Firmin-
Didot, s. d.,* 12 vol. in-4, pl. gr. demi-rel. chag. bleu avec
coins, tête dor. ébarbé.

    Raphael, 4 vol. — Michel-Ange, 1 vol. — Le Corrège, 1 vol. —
Lesueur et Jouvenet, 1 vol. — Le Poussin, 2 vol. — Le Domini-
quin, 1 vol. — L'Albanc...., 1 vol. — Les peintures antiques, 1 vol.

258. — primitifs, collection de tableaux rapportés d'Italie,
publiée par M. le chevalier A. de Montor. *Paris, Challamel,*
1843, in-4, pl. demi-rel. mar. r. avec coins, dos orné,
tête dor. ébarbé.

    60 planches gravées. Taches d'humidité.

259. **Perrault.** Le Cabinet des Beaux-Arts, ou Recueil des
plus belles estampes gravées d'après les tableaux originaux où les Beaux-Arts sont représentez, avec l'explication de ces mêmes tableaux. *Paris, Edelinck,* 1693, in-4
obl. pl. cart.

    Taches et mouillures.

260. **Plon** (Eug.). Benvenuto Cellini, orfèvre, médailleur,
sculpteur, recherches sur sa vie, sur son œuvre et sur les
pièces qui lui sont attribués. Eaux-fortes par Paul Le Rat.
Paris, Plon, 1883, gr. in-4, pl. demi-rel. mar. r. avec coins,
tête dor. non rog.

261. **Prodromus** seu preambulare lumen... edita a Francisco
de Stampart et Antonio de Brenner. *Viennæ Austriæ, typis
Joannis Petri van Ghelen,* 1735, in-fol. pl. gr. demi-rel. bas.

262. Piu (le) insigni pitture Parmensi indicate agli amatori
delle belle arti. *Parma, Bodoni,* 1809, in-fol. pl. gr. demi-rel. chag. bleu avec coins, fil. tête dor. ébarbé.

    Exemplaire sur papier de Hollande, figures avant la lettre.

263. **Raccolta** de monumenti più interessanti del Museo
Borbonico e di varie collezioni private. *Napoli, Raffaele
Gargiulo,* 1825, in-4, 160 pl. gr. au trait, cart.

264. — de più belli ed interessanti dipinti, musaici ed altri
monumenti rinvenuti negli scavi di Ercolano, di Pompei,
e di Stabia che ammiransi nel museo nazionale. *Napoli,*
1865, in-4, pl. demi-rel. v. br. avec coins, dos orné.

    151 planches gravées au trait.

31 - 265. RAPHAEL. Les Vierges, gravées par les premiers artistes français. *Paris, Furne et Jouvet (typographie Plon).*
s. d., in-fol. 12 pl. montées sur onglets, portrait de Raphaël
sur le titre, demi-rel. chag. bleu avec coins, dos orné,
fil. tête dor.

37 - 266. — Rafaël Werk, sämmtliche Tafelbilder und Fresken
des Meisters in Nachbildungen nach Kupferstichen und
Photographien herausgegeben von Ad. Gutbier, mit
erläuterndem Text von W. Lübke. *Dresden, Gutbier,*
s. d., in-4, 92 pl. cart. toile grise, fers spéciaux sur le dos
et les plats, tr. dor.

55 - 267. RECUEIL de contes et œuvres en vers. *Rouen, Lemonnyer,*
1878-1880, 8 vol. in-12, fig. demi-rel. chag. r. avec coins,
tête dor. ébarbé.

> Contes et Nouvelles en vers, par Voltaire, Vergier, etc... 2 vol. —
> La Fontaine. Contes et Nouvelles, 2 vol. — Le Fond du sac, 2 vol. —
> Voltaire. La Pucelle, 2 vol.

22 - 268. REMBRANDT. L'Œuvre complet, décrit et commenté par
M. Ch. Blanc. Catalogue raisonné de toutes les eaux-fortes
du maître et de ses peintures orné de bois gravés et de
40 eaux-fortes tirés à part et rapportés dans le texte. *Paris,*
Guérin, s. d., 2 vol. in-8, pl. demi-rel. mar. r. avec coins,
tête dor. ébarbé.

36 - 269. RENAISSANCE (la). Chronique des arts et de la littérature, publiée par l'Association nationale pour favoriser les
arts en Belgique. *Bruxelles,* 1839-1854, 15 tomes en 8 vol.
in-4, pl. demi-rel. chag. r. plats toile.

51 - 270. RESTIF DE LA BRETONNE. Histoire des mœurs et du costume des Français dans le XVIIIᵉ siècle, ornée de 12 estampes dessinées par Freudenberg, revu et corrigé par
M. Charles Brunet. — Monument du costume physique
et moral de la fin du XVIIIᵉ siècle, ou Tableaux de la vie,
ornés de 26 figures dessinées et gravées par Moreau le
jeune. *Paris, Willem,* 1876-1878, 2 ouvrages en 1 vol.
in-fol. pl. demi-rel. mar. r. avec coins, dos orné, fil. tête
dor. non rog.

9 - 271. RÉUNION de 8 vol. in-8, d'ouvrages divers, reliés.

> Monuments antiques du Musée Napoléon, tomes I et III. — L'Éclair
> et le Camée, souvenirs de littérature contemporaine, 2 vol. — The
> Christian Keepsake and missionary annual. — Chefs-d'œuvre de pein-

ture, des Musées d'Italie. — A popular account of the ancient Egyptians by Wilkinson, 1871, 2 vol.

272. Réveil. Galerie des arts et de l'histoire, gravée à l'eauforte sur acier. *Paris, Hivert,* 1836, 8 vol. in-12, pl. demirel. v. r.

— 24 —

273. — Musée de peinture et de sculpture ou recueil des principaux tableaux, statues et bas-reliefs des collections de l'Europe, gravé à l'eau-forte. *Paris, Audot,* 1828-33, 16 vol. in-12, pl. grav. au trait, demi-rel. bas.

— 86 —

274. Revue de l'exposition générale de Bruxelles. — 20 planches gravées par les meilleurs artistes, accompagnées de 20 feuilles de texte in-4, avec illustrations par une société de gens de lettres sous la direction de M. Luthereau. *Bruxelles, imprimerie des Beaux-Arts,* 1851, in-4, pl. et fig. demi-rel. v. viol.

— 5-50 —

275. Reymond (Marcel). Étude sur le musée de tableaux de Grenoble, avec 10 photographies reproduisant les chefsd'œuvre du Musée. *Paris,* 1879, in-8, photographies, demi-rel. chag. bleu, ébarbé.

— 4-50 —

276. Riancey (H. de). La Vie des Saints, illustrée en chromolithographie d'après les anciens manuscrits de tous les siècles, publiée par F. Kellerhoven. *Paris, Kellerhoven (impr. D. Jouaust),* 1866, in-4, fig. chag. La Vall. fleurons sur les plats, tr. dor.

43 planches en chromolithographie, montées sur onglets.

— 65 —

277. ROSASPINA (Francesco). La Pinacoteca della pontificia academia delle belle arti in Bologna. *Bologna,* 1830, in-fol. pl. gr. demi-rel. chag. bleu avec coins, fil. tête dor. ébarbé.

— 38 —

278. ROSINI (Giov.). Storia dalla pittura italiana esposta coi monumenti. *Pisa, Capurro,* 1848-52, 7 vol. in-8, fig. cart. non rog.

Portrait, faux titre en chromo, 483 planches gravées au trait. On a ajouté des titres et des tables en anglais.

— 30 —

279. Rubens (P.-P.). La Bible, sujets de l'Ancien et du Nouveau Testament gravés au burin par les anciens maîtres flamands ; texte explicatif par E. Fétis. *Bruxelles, Maquardt, s. d.,* in-fol. pl. cart. fers spéciaux sur le dos et les plats, tr. dor.

40 planches montées sur onglets, avec la légende sur papier fin.

— 10 —

16 - 280. Rubens. De Plafonds of Gallery stukken int de Kerk der
eerw. P. P. Jesuiten te Antwerpen geschilderd door P. P.
Rubens; naer deszelfs echte schilderyen geteekent door
Jacob de Witt, en in't Koper gebragt door Jean Punt. *Te
Amsterdam, by Jean Punt,* 1751, in-4 oblong, pl. demi-
rel. chag. bleu avec coins, fil. tête dor. ébarbé.
    37 planches gravées.

222 - 281. SALONS DE 1872 à 1879. *Paris, Goupil,* 16 vol. in-4,
photographies, demi-rel. mar. r. avec coins, plats toile.
    Collection renfermant 780 planches montées sur onglets.

42 - 282. — de 1880. L'Art contemporain : Peintres et sculp-
teurs. *Paris, s. d.,* 2 vol. in-fol. comprenant les fascicules
1 à 130, dans deux cartons et les fascicules 131 à 156
inclus en livraisons, planches en phototypie, demi-rel.
chag. vert, tête dor. ébarbé.
    La moitié environ du premier volume est incomplète du texte.

13 - 283. Saulière (Auguste). Les Leçons conjugales, contes
lestes. Vignettes et eaux-fortes de Henry Somm. *Paris,
Dentu,* 1879, in-12, pl. demi-rel. mar. bleu avec coins,
dos orné, fil. tête dor. non rog.
    Exemplaire en papier de Hollande, avec double suite des planches
avant la lettre.

50 - 284. Scènes de la Vie des peintres de l'école flamande et
hollandaise. *Bruxelles, Dewasme,* 1842, gr. in-fol. pl.
demi-rel. chag. r. avec coins, dos orné, fil.
    20 planches lithographiées sur chine.

15 - 285. Scheffer (Ary). Œuvre, reproduit en photographie par
Bingham, accompagné d'une notice sur la vie et les
ouvrages d'Ary Scheffer, par L. Vitet. *Paris, Goupil,*
1860, in-fol. photographies, demi-rel. chag. bleu avec
coins, dos orné, fil. tête dor.
    60 planches montées sur onglets.

7 - 286. Scott (Walter). Illustrations anglaises pour les romans.
S. l. n. d., in-8, fig. de Cruikshank à l'eau-forte et fig.
gr. de Linnell, Chisholm, etc., demi-rel. chag. noir avec
coins.

16 - 287. — The British School of sculpture, illustrated by twenty
engravings from the finest works of deceased masters of
the art and fifty woodcuts, with a preliminary essay and

notices of the artists. *London, s. d.*, in-4, pl. cart. fers spéciaux sur les plats, tr. dor.

288. Sensier (A.). La Vie et l'Œuvre de J.-F. Millet. Manuscrit publié par P. Mantz avec de nombreuses illustrations. *Paris, Quantin,* 1881, gr. in-8, fig. et pl. hors texte, demi-rel. chag. bleu avec coins, tête dor. ébarbé.

    — 24 —

289. Souvenir de la Fête donnée le 26 septembre 1848 par le cercle artistique et littéraire sous le patronage du roi, du gouvernement et de la ville de Bruxelles... *Bruxelles,* 1849, in-fol. pl. demi-rel. chag. noir, plats toile.

    — 7-50 —

> 16 planches lithographiées et teintées dont une en couleur.

290. Souvenirs de la galerie Pourtalès. Tableaux, antiques et objets d'art. *Paris, Goupil,* 1863, in-fol. photographies, demi-rel. chag. bleu, fil. tête dor.

    — 30 —

> 62 planches.

291. Splendeurs (les) de l'art en Belgique, texte par MM. Moke, Fétis et Van Hassell; illustrations par MM. Hendrickx et Stroobant, publié par les soins de M. Charles Hen. *Bruxelles, Méline et Caus,* 1848, gr. in-8, fig. demi-rel. mar. La Vall. avec coins, fil. tête dor. ébarbé.

    — 8 —

292. Teniers (Davidis) Antuerpiensis pictoris et a cubiculis principibus Leopoldo archiduci et Joanni Austriaco theatrum pictorium. *Antuerpiæ, apud Jacobum Peeters,* 1684, in-fol. pl. v. ant. gran.

    — 152 —

> 246 sujets sur 225 planches.

293. Thomassin (S.). Recueil des figures, groupes, thermes, fontaines, vases, statues et autres ornements de Versailles tels qu'ils se voyent à présent dans le chateau et parc, gravé d'après les originaux, le tout en 4 langues : français, latin, italien, flamand. *Amsterdam, P. Mortier,* 1695, in-4, pl. gravées, front. v. ant. marb.

    — 9 —

> 218 planches gravées. La pagination des planches est souvent intervertie.
> Mouillures.

294. Thorwaldsen. Den danske Billedhugger og hans Vaerker ved J. M. Thiele. *Kiobenhavn,* 1831, 3 parties en 2 vol. in-4, texte et 158 planches gravées, demi-rel. chag. viol. dos orné, fil. tête dor.

    — 16 —

295. Tour (le) du monde, nouveau journal des voyages publié

    — 225 —

sous la direction de M. Édouard Charton et illustré par nos plus célèbres artistes. *Paris, Hachette*, 1860-1884, 48 tomes en 24 vol. in-4, texte à 2 col. fig. demi-rel. chag. brun, plats toile. (*Rel. unif.*)

3-ſ0 - 296. TROEGER (A.). Deutsche Kunst in Bild und Lied. Original-Beitrage Deutscher Maler und Ditcher. *Leipzig*, 1865, in-4, fig. et chromos, demi-rel. mar. bleu avec coins, fil. tête dor.

23 planches lithogr. et en chromo.

3 - 297. TURNER (G. Wordsworth). Art Studies of home life illustrated by twenty four full-page photographs by the woodbury process. *London, s. d.,* in-4, photographies, cart. fers spéciaux sur le dos et les plats, tr. dor.

22 photograpies.

68- 298. UNGER (W.). Eaux-fortes d'après Frans Hals, avec une étude sur le maître et ses œuvres par C. Vosmaer. *Leyde, Sifthoff*, 1873, in-fol. papier de Hollande, pl. portr. demi-rel. chag. r. avec coins, fil. tête r. ébarbé.

20 planches et 6 vignettes à l'eau-forte sur CHINE volant, AVANT LA LETTRE. Les planches sont montées sur onglets.

37- 299. — Die Galerie zu Cassel in ihren Meisterwerken, vierzig Radirungenm mit einem Text von W. Bode.—Die Galerie zu Braunschweig in ihren Meisterwerken. Nach den Originalgemälden radirt. *Leipzig, Seemann,* 1872-76, 2 ouvr. en 1 vol. in-4, eaux-fortes et fig. dans le texte, demi-rel. chag. bleu avec coins, fil. tête dor. ébarbé.

Galerie de Cassel, 40 eaux-fortes. — Galerie de Braunschweig, 18 eaux-fortes.

93 - 300. —Musée national d'Amsterdam. Trente-deux planches gravées à l'eau-forte. *Amsterdam, F. Buffa, s. d.,* in-fol. pl. montées sur onglets, demi-rel. chag. gren. plats toile, fers spéciaux.

Épreuves AVANT LA LETTRE.

80 - 301. VAN LENNEP. Nederlands Geschiedenis en Volksleven in Schetsen. Staalgravuren naar de Schilderijen van de historische Galerij der maatschappij arti et amicitiæ door Steelink. Rennefeld van Kesteren. *Te Leiden, Sifthoff,* s. d., 4 vol. in-4, pl. cart. fers spéciaux sur les plats, tr. dor.

100 planches gravées sur acier, sur CHINE AVANT LA LETTRE.

302. **Vetault** (A.). Charlemagne, introduction par L. Gau- — *14*-
tier. *Tours, Mame,* 1877, in-8, fig. et chromos, demi-rel.
chag. r. plats toile, fers spéciaux sur le dos et les plats,
tr. dor.

303. **Veuillot** (Louis). Jésus-Christ, avec une étude sur l'art — *15*-
chrétien par E. Cartier, ouvrage contenant 180 gravures
et 16 chromolithographies d'après les monuments de l'art
depuis les Catacombes jusqu'à nos jours. *Paris, Firmin-
Didot,* 1877, gr. in-8, fig. et chromos, demi-rel. chag. r.
plats toile, fers spéciaux sur le dos et les plats, tr. dor.

304. **Vie** et miracles de saint Rombaud, patron de la ville — *4* -
de Malines, d'après les tableaux de Michel Coxie et autres
qui se trouvent à la cathédrale de Malines, avec une explication par B. Van Dale. *Bruxelles, A. Van Dale,* 1847, gr.
in-fol. pl. en lithog. avec le texte en regard, cart. non
rog.

305. **Voisin** (Aug.). Annales de l'École flamande moderne. — *5*-
Gand, Busscher Braeckman, 1836, in-4, pl. lithog. demi-
rel. v. vert.

306. **Voltaire**. La Pucelle d'Orléans, poème en 21 chants. — *32* -
Édition ornée de figures gravées par Duplessis-Bertaux.
A Londres, 1780, 2 vol. in-8, portr. et fig. demi-rel. mar.
r. avec coins, fil. tête dor. ébarbé.

    Réimpression moderne.

307. **Waagen** (G.-F.). Manuel de l'histoire de la peinture. — *21*-
Écoles allemande, flamande et hollandaise avec un grand
nombre d'illustrations. *Paris, Morel et Renouard,* 1863,
3 vol. in-8, pl. demi-rel. bas. bleue, ébarbé.

    58 planches gravées.

308. **Wallon** (H.). Jeanne d'Arc, édition illustrée d'après les — *17*-
monuments de l'art depuis le xvᵉ siècle jusqu'à nos jours.
Paris, Firmin-Didot, 1876, gr. in-8, fig. et chromos, demi-
rel. chag. r. plats toile, fers spéciaux sur le dos et les plats,
tr. dor.

309. **Weirotter** (F.-E.). Œuvre... contenant près de deux — *30*-
cents paysages et ruines, dessinés d'après nature et gravés
à l'eau-forte par lui-même. *Paris, Basan, s. d.* (1775), pet.

in-fol. pl. demi-rel. chag. bleu avec coins, dos orné, fil.
tête dor.

Portrait et 87 planches contenant 181 sujets gravés.
Mouillures.

1 - 310. Wereshagin. Gemälde. *Paris, s. d.* 10 pl. en photogravure et 4 photographies dans un carton.

150 - 311. WICAR. Tableaux, statues, bas-reliefs et camées de la
Galerie de Florence et du Palais Pitti, dessinés par Wicar,
peintre, et gravés sous la direction de C.-L. Masquelier,
avec les explications par Mongez. *A Paris, chez J.-P. Ail-
laud (de l'imprimerie de Crapelet)*, 1819, 4 tomes en 2 vol.
in-fol. demi-rel. bas. r. fil. ébarbé.

18 - 312. Wiertz (Antoine). Œuvre complet, photographié par
Ed. Fierlants. *Ixelles et Bruxelles, Fierlants,* 1868, in-4,
fig. demi-rel. mar. vert avec coins, dos orné, fil. non
rog.

64 photographies montées sur onglets dont la plupart ont une légende en regard.

26 - 313. Women (beautiful). Celebrated portraits after sir Jo-
shua Reynolds, T. Gainsborough, sir T. Lawrence, John
Jackson, Gilbert Stuart Newton and sir Edwin Landseer,
with an introduction and biographical notices. *London,
George Routledge and Sons,* 1870, in-4, 16 portraits, cart.
perc. fers spéciaux sur les plats, tr. dor.

20 - 314. Zanotti (Giampietro). Le Pitture di Pellegrino Tibaldi
e di Niccolo abbati esistenti nell' instituto di Bologna. *In
Venezia,* 1756, in-fol. cart.

Titre gravé, frontispice, portrait de Benoît XIV, et 41 planches
gravées.

24 - 315. Zola (Émile). Nana. Édition illustrée par André Gill,
Bertall, G. Bellenger, Bigot, Clairin, etc. *Paris, Flamma-
rion et Marpon,* 1882, gr. in-8, pl. et fig. demi-rel. mar.
brun avec coins, fil. tête dor. non rog.

Exemplaire en grand papier avec double suite des figures avant
la lettre sur chine.

Paris. — Typographie Georges Chamerot, 19, rue des Saints-Pères. — 18830.

9 782019 967857